Desde 1888, la revista National Geographic ha brindado a sus lectores un cúmulo de información y nos ha ayudado a comprender el mundo en el que  vivimos. Artículos reveladores, respaldados por espléndidas fotografías y una investigación impecable, resaltan la misión de *National Geographic Society*: inspirar a la gente a cuidar el planeta. La serie *Explorar* te presenta a National Geographic con el mismo espíritu. Cada libro de esta serie presenta los mejores artículos sobre temas populares y relevantes en un formato accesible. Además, cada libro destaca el trabajo de los exploradores, fotógrafos y escritores de National Geographic. Explora el mundo de National Geographic. Te sentirás inspirado.

EN LA PORTADA
Vemos un despliegue de frijoles secos, granos de arroz, trigo sarraceno y semillas de maíz.

EL ALIMENTO

Un comerciante en
un mercado flotante
en Tailandia

En mayo de 2014, National Geographic Society lanzó una importante y oportuna iniciativa llamada "El futuro de los alimentos". Los detallados artículos de *National Geographic*, los eventos que tuvieron lugar en nuestras oficinas y las iniciativas del sitio web "El futuro de los alimentos" nos presentaron los temas críticos relacionados con los alimentos que comemos, la agricultura, el hambre y las nuevas tecnologías. *Explorar los alimentos* te muestra los artículos de esa iniciativa, además de algunos artículos especiales, en los que encontrarás a tres interesantes exploradores de National Geographic. Barton Seaver está comprometido con la sustentabilidad de los alimentos del mar, Tristram Stuart quiere detener el desperdicio de alimentos y Caleb Harper cultiva alimentos aparentemente de la nada.

Durante la Revolución Verde de la década de 1960, los científicos desarrollaron un trigo resistente a las enfermedades y salvaron a millones de personas en México y la India de la inanición. Esa revolución fue solo el comienzo de cómo abordar el suministro de alimentos en el mundo. Hoy en día, científicos y trabajadores de organizaciones de alimentos están tratando de hallar la manera de alimentar a nuestra población en crecimiento, que se pronostica será de más de 9 mil millones en el 2050. Agricultores, pescadores y trabajadores de plantas de embalaje se ganan la vida en la industria alimentaria. Y demasiadas personas, incluyendo más de 48 millones de estadounidenses, no tienen suficiente para comer a diario. No todos están de acuerdo en cómo resolver problemas difíciles. ¿Cuáles son los pros y los contras del uso de productos químicos en la agricultura? ¿Deberíamos estar usando organismos genéticamente modificados (OGM) para cultivar alimentos? ¿Es la dieta paleolítica el mejor camino a seguir? *Explorar los alimentos* te presenta algunos de estos debates.

Las buenas noticias (y hay muchas) es que científicamente, hoy tenemos los medios para alimentar a todo el planeta. Personas realmente inteligentes en todo el mundo están trabajando para hallar la forma de alimentar, de manera sustentable, a 9 mil millones de personas. La noticia menos positiva es que los conflictos, la corrupción, el miedo y la desconfianza obstaculizan algunos esfuerzos.

Aún así, no se puede obviar el tema principal de esta colección de artículos: "La alegría de comer". Durante miles de años las personas han preparado alimentos, los han compartido y disfrutado. Nuestros encuentros, reuniones y celebraciones giran en torno a la comida. ¡Esperamos que disfrutes *Explorar los alimentos!*

EL FUTURO DE LOS ALIMENTOS
Conocida por sus portadas creativas y llamativas, *National Geographic* presentó "El futuro de los alimentos" en mayo de 2014.

Un plan de cinco pasos para
alimentar al mundo

● ● ● ● ●

POR JONATHAN FOLEY

Adaptado de "Un plan de cinco pasos para alimentar al mundo" por Jonathan Foley,
en *National Geographic*, mayo de 2014

EL SOL DE CALIFORNIA
Estas lechugas iceberg en sus
primeras etapas de desarrollo,
absorben el sol del atardecer en
Salinas Valley, California.

Jonathan Foley es un científico que ha ganado numerosos premios por su trabajo rastreando las interacciones entre los sistemas ambientales a nivel mundial y las sociedades humanas. En este artículo, Foley comparte buenas noticias: en realidad hay una forma de alimentar a la creciente población del mundo sin destruir el planeta. Pero primero, se deben hacer algunos cambios.

LA AGRICULTURA Y NUESTRO PLANETA

El mundo en que vivimos, con todas sus comodidades, no podría haber existido sin el desarrollo de la agricultura hace miles de años atrás. Hoy, podemos producir alimentos en gran escala para alimentar a nuestra siempre creciente población mundial. Pero junto a todos estos beneficios, la producción masiva de alimentos tiene también un lado oscuro. En varios aspectos, la agricultura es la actividad humana que causa más daño a nuestro frágil medioambiente.

Por ejemplo, la agricultura libera gases de efecto invernadero a la atmósfera, lo que contribuye al calentamiento global. Se libera dióxido de carbono cuando se talan los bosques tropicales para dar paso a explotaciones agrícolas y ganaderas. Por lo tanto, incluso antes de iniciar la producción de alimentos, el daño ya está hecho. Los ranchos ganaderos y los arrozales liberan metano, otro gas de efecto invernadero. Además existe otro gas de efecto invernadero, el óxido nitroso, que entra en la atmósfera cuando se fertilizan los campos. En resumen, la agricultura produce más gases de efecto invernadero que todos nuestros coches, camiones, trenes y aviones juntos. El impacto negativo de la agricultura va más allá de los gases de efecto invernadero. Otro problema es el gran porcentaje de las valiosas reservas de agua que se dedican a la agricultura. La agricultura es también uno de los mayores contaminadores de agua. Fertilizantes y abonos se escurren desde los campos y desembocan en los frágiles lagos, ríos y costas de todo el mundo. Por último, la agricultura acelera la pérdida de la biodiversidad. Como hemos despejado áreas de praderas y bosques para usarlas como granjas, se han perdido hábitats cruciales para plantas y animales. Así, la agricultura es uno de los mayores causantes de la extinción de la vida silvestre.

AGRICULTORES A TRAVÉS DEL MUNDO

En todo el mundo, los granjeros producen ganado y cultivos para una amplia variedad de usos.

Perú
Estela Cóndor, Andes peruanos

Estados Unidos
Frank Reese, Kansas

Bangladesh
Anwara begum, Saijali

Malí
Bassama Siby

Para el año 2050, la población mundial probablemente aumentará
en más de un 35 por ciento, de 7 mil millones a 9,5 mil millones de personas.

▲ 35%

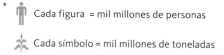

* Cada figura = mil millones de personas

Cada símbolo = mil millones de toneladas

Para alimentar a esta población, la producción de cultivos deberá aumentar
un 100%. Pasando de 9,5 mil millones de toneladas a 19 mil millones de toneladas.

▲ 100%

¿Por qué? La producción tendrá que ir muchísimo más rápido que el crecimiento demográfico
en la medida que el mundo en desarrollo prospere lo suficiente como para comer más carne.

**Aumento de la
demanda diaria
de proteínas**
Per cápita para el 2050

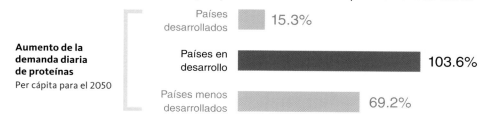

Países desarrollados — 15.3%

Países en desarrollo — 103.6%

Países menos desarrollados — 69.2%

Los retos ambientales que plantea la agricultura ya son enormes. Solo serán mayores a medida que tratemos de satisfacer la creciente necesidad de alimentos en todo el mundo. Probablemente tendremos dos mil millones de bocas más que alimentar a mediados de siglo, algo más de nueve mil millones de personas. Sin embargo, el crecimiento demográfico no es la única razón por la que necesitaremos más alimentos. La gente es cada vez más próspera en todo el mundo, especialmente en China y la India. Pueden permitirse comprar más carne, huevos y productos lácteos. Para satisfacer esta creciente demanda, los agricultores tendrán que sembrar más maíz y soja para alimentar más ganado, cerdos y pollos. La combinación de crecimiento de la población y dietas más ricas podrían dar lugar a enormes aumentos en la cantidad de terrenos necesarios para la agricultura. Si esta tendencia continúa, para el año 2050 se tendrá que duplicar la cantidad actual de cultivos. Desafortunadamente, el debate sobre la manera de abordar el desafío alimentario mundial se ha reducido a dos líneas opositoras. Por un lado están la agricultura **convencional** y el comercio global; y por el otro están los sistemas alimentarios locales y las granjas **orgánicas**. Las discusiones entre ambas partes pueden ser intensas. Últimamente, parecen estar cada vez más divididas en vez de encontrar un terreno común.

Quienes favorecen la agricultura convencional desean hablar de los beneficios de su enfoque. Señalan que la mecanización moderna, el riego, los fertilizantes y la genética mejorada de las plantas pueden aumentar las cosechas para ayudar a satisfacer la creciente demanda. Y tienen razón.

En tanto, los partidarios de las granjas locales y granjas orgánicas exponen un argumento diferente. Contrargumentan que los pequeños agricultores del mundo podrían aumentar sus cosechas (y salir por sí mismos de la pobreza) al hacerse orgánicos. Esto significa adoptar técnicas que pueden enriquecer el suelo sin el uso de fertilizantes y pesticidas producidos por el hombre. Y también tienen razón.

No tiene por qué ser una postura o la otra. Ambas partes ofrecen soluciones muy necesarias y ninguna por sí sola logra el objetivo. Lo sabio sería examinar todas las buenas ideas y combinar las mejores. No debería importar si las ideas provienen de granjas orgánicas y/o locales o de las granjas convencionales y granjas de alta tecnología.

EL BOSQUE TROPICAL VERSUS LOS CAMPOS DE SOJA
Este espeso bosque tropical en Santarem, Brasil, está seccionado transversalmente por campos de soja. Importantes proyectos agroindustriales han talado grandes extensiones de bosque tropical para hacer espacio para el cultivo de combustibles y alimentos.

INGENIERA EN ALIMENTOS
Jacqueline Heard dirige un programa de cultivos tolerantes a la sequía en un centro de investigación en Mystic, Connecticut.

UNA SOLUCIÓN AL DILEMA

Tuve la suerte de dirigir un equipo de científicos que se reunió para responder una pregunta importante para ambas partes: ¿Cómo podría el mundo duplicar su suministro de alimentos y al mismo tiempo reducir el daño medioambiental que causa la agricultura? Después de analizar enormes cantidades de datos sobre la agricultura y el medioambiente, hemos propuesto cinco pasos para resolver el problema alimentario del mundo.

PASO UNO: Detener el impacto de la agricultura

A través de la historia, cada vez que hemos necesitado producir más alimentos, hemos reducido los bosques o arado pastizales para hacer más granjas. Hemos talado un área de aproximadamente el tamaño de Sudamérica para el cultivo. Para la cría de ganado, hemos usado un área del tamaño de África. La **huella** de la agricultura ha causado la pérdida de ecosistemas enteros en todo el mundo. Las praderas de Norteamérica y el bosque del Atlántico de Brasil se han convertido en tierras agrícolas. Los bosques tropicales siguen talándose a un ritmo alarmante.

No obstante, ya no podemos darnos el lujo de aumentar la producción de alimentos simplemente al extender la agricultura a más áreas. Cambiar los bosques tropicales por tierras de cultivo es una de las cosas más destructivas que hacemos. Y rara vez se hace con el fin de beneficiar a las 850 millones de personas que aún tienen hambre en el mundo. La mayor parte de la tierra destinada a la agricultura en los trópicos no contribuye mucho a la **seguridad alimentaria** del mundo, o a un suministro confiable de alimentos asequibles y nutritivos. En su lugar, se usa para producir ganado, soja para ganadería, madera y aceite de palma.

PASO DOS: Aumentar la producción en las granjas existentes

Durante la Revolución Verde en la década de 1960, los agricultores locales en México y la India aprendieron nuevas formas de producción usando mejores variedades de cultivos, más fertilizantes, riego y máquinas modernas. Estos cambios aumentaron el rendimiento de los cultivos, pero los costos para el medioambiente fueron enormes.

El mundo puede nuevamente dirigir su atención hacia el aumento del rendimiento en las tierras de cultivo existentes que son menos productivas. Pero esta vez se debe seguir un camino balanceado y amigable con el medioambiente. Con la mejora de las prácticas agrícolas que emplean tanto sistemas agrícolas de alta tecnología como métodos de agricultura orgánica, se puede aumentar el rendimiento varias veces.

PASO TRES: Usar los recursos de manera más eficiente

Ya sabemos cómo lograr un alto rendimiento y a la vez reducir el impacto medioambiental de la producción masiva de alimentos. El cultivo convencional está haciendo grandes avances en la búsqueda de mejores métodos para aplicar los fertilizantes y pesticidas. Algunos productores conducen tractores computarizados equipados con sensores avanzados y GPS. Usan mezclas de fertilizantes personalizadas para sus campos y adaptadas a las condiciones exactas del suelo, lo que ayuda a reducir la escorrentía de productos químicos hacia las vías fluviales cercanas.

La agricultura orgánica también logra grandes avances. Gracias al uso de **cultivos de cobertura**, mantillos y el compost, los agricultores pueden mejorar la calidad del suelo, conservar el agua y acumular nutrientes. Muchos agricultores también han hecho un uso más inteligente del agua. Han reemplazado los derrochadores sistemas de riego con métodos de distribución de agua más precisos para los cultivos. Los avances en la agricultura convencional y en la orgánica nos pueden dar más "cultivos por gota" a partir del agua y los nutrientes.

PASO CUATRO: Cambiar la dieta

Sería mucho más fácil alimentar a nueve mil millones de personas en el 2050 si la mayor parte de los cultivos terminaran en estómagos humanos. Hoy en día, solo el 55 por ciento de las **calorías** de los cultivos del mundo alimentan directamente a las personas. El resto alimenta al ganado o se convierte en **biocombustibles** y productos industriales. Muchos de nosotros comemos carne, lácteos y huevos de animales criados por agricultores o ganaderos. Sin embargo, solo una fracción de las calorías en el alimento que se da a estos animales termina en la carne y la leche que consumimos.

Sin embargo, se pueden realizar cambios. Podría ayudar encontrar formas más eficientes de cultivar carne y adaptar nuestras dietas para que incluyan menos carne. Al hacer ambas cosas se liberaría una gran cantidad de alimentos en todo el mundo. Con tan solo cambiar de la carne de vacuno, alimentada con grano, al pollo, cerdo o vacuno criado en pastizales se haría una diferencia significativa en el suministro alimentario mundial.

Dada su reciente prosperidad, es probable que los habitantes de países en desarrollo coman más carne

EL ALIMENTO HUMANO VERSUS EL ALIMENTO ANIMAL Y EL COMBUSTIBLE

Los porcentajes en el mapa muestran si la mayor parte de las calorías en los cultivos de una región van directamente para el consumo humano (verde) o van a la alimentación animal y los biocombustibles (púrpura). Solo el 55% de las calorías de los cultivos alimentarios del mundo nutren directamente a las personas. Obtenemos indirectamente otro 4% al comer carne, lácteos o huevos procedentes de animales criados con alimento seco.

Dónde se producen las calorías

ALIMENTO Y COMBUSTIBLE
para animales e industria

ALIMENTO
para las personas

100% de calorías   50%   100%

Cómo se usan las calorías de cultivo a nivel mundial

45%
ALIMENTO (36%) y COMBUSTIBLE* (9%)

55%
ALIMENTOS

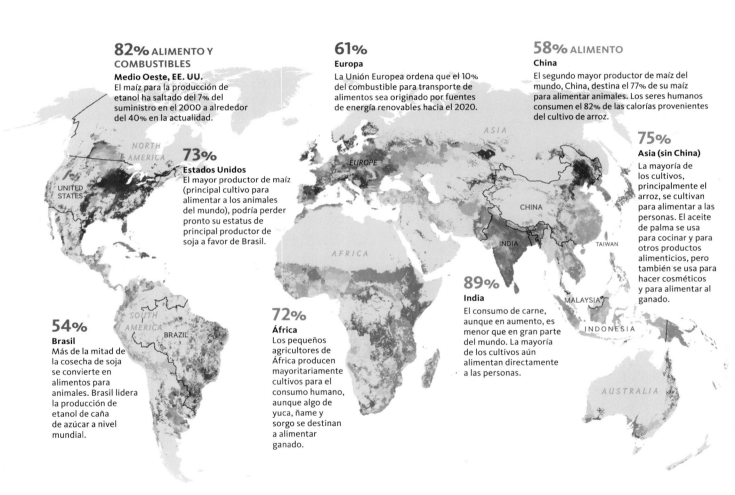

82% ALIMENTO Y COMBUSTIBLES
Medio Oeste, EE. UU.
El maíz para la producción de etanol ha saltado del 7% del suministro en el 2000 a alrededor del 40% en la actualidad.

73%
Estados Unidos
El mayor productor de maíz (principal cultivo para alimentar a los animales del mundo), podría perder pronto su estatus de principal productor de soja a favor de Brasil.

54%
Brasil
Más de la mitad de la cosecha de soja se convierte en alimentos para animales. Brasil lidera la producción de etanol de caña de azúcar a nivel mundial.

72%
África
Los pequeños agricultores de África producen mayoritariamente cultivos para el consumo humano, aunque algo de yuca, ñame y sorgo se destinan a alimentar ganado.

61%
Europa
La Unión Europea ordena que el 10% del combustible para transporte de alimentos sea originado por fuentes de energía renovables hacia el 2020.

89%
India
El consumo de carne, aunque en aumento, es menor que en gran parte del mundo. La mayoría de los cultivos aún alimentan directamente a las personas.

58% ALIMENTO
China
El segundo mayor productor de maíz del mundo, China, destina el 77% de su maíz para alimentar animales. Los seres humanos consumen el 82% de las calorías provenientes del cultivo de arroz.

75%
Asia (sin China)
La mayoría de los cultivos, principalmente el arroz, se cultivan para alimentar a las personas. El aceite de palma se usa para cocinar y para otros productos alimenticios, pero también se usa para hacer cosméticos y para alimentar al ganado.

*Incluye los biocombustibles y otros productos no alimenticios en un futuro cercano. Así que primero deberíamos enfocarnos en los países que ya consumen dietas ricas en carne. Por último, el disminuir el uso de cultivos alimentarios como biocombustibles se traduciría en más cultivos disponibles para consumo humano.

PASO CINCO: Reducir el despilfarro

Alrededor del 25% de las calorías alimentarias mundiales y hasta el 50% del peso total de los alimentos se pierden antes de ser consumidos. En los países ricos, la mayor parte del desperdicio se produce en los hogares, restaurantes y supermercados. En los países más pobres, los alimentos a menudo se pierden debido a un almacenamiento poco confiable y al transporte impredecible entre las granjas y los mercados. Los consumidores en el mundo desarrollado podrían reducir este despilfarro al adoptar algunas sencillas medidas. Podrían servir porciones más pequeñas y comer más sobras. También podrían instar a los restaurantes y supermercados para desarrollar medidas que reduzcan los residuos. De todas las opciones para impulsar la disponibilidad de alimentos, reducir el desperdicio sería una de las más eficaces.

Nos hallamos en un momento crucial. Nunca antes habíamos enfrentado estos desafíos a la seguridad alimentaria y a nuestro medioambiente global. La buena noticia es que ya sabemos qué debemos hacer. Ahora solo tenemos que hallar la manera de hacerlo.

Cumplir con el desafío alimentario mundial exige que todos pensemos más sobre la comida que ponemos en nuestro plato. Necesitamos hacer conexiones entre nuestros alimentos y los agricultores que los cultivan.

También debemos ser más conscientes sobre la relación entre nuestra alimentación y la tierra, el agua y el clima que nos sustentan. A medida que conducimos nuestros carritos por los pasillos de los supermercados, las opciones que tomemos ayudarán a decidir el futuro.

> "Nos hallamos en un momento crucial. Nunca antes habíamos enfrentado estos desafíos a la seguridad alimentaria y nuestro medioambiente global".
>
> —Jonathan Foley

CAMBIO EN EL PENSAR

En conjunto, estos cinco pasos podrían más que duplicar el suministro mundial de alimentos, al mismo tiempo que reducirían el impacto medioambiental de la agricultura. Pero no será fácil. Estas soluciones requieren un gran cambio en la forma de pensar.

Durante la mayor parte de nuestra historia nos ha cegado el deseo de tener más tierra para cultivar. Nunca pensamos dos veces antes de talar más terrenos, usando más recursos. Debemos hallar el equilibrio entre producir más alimentos y proteger el planeta para generaciones futuras.

¡PIÉNSALO! |||||||||||||||||||||||||||||||||||||||

1. **Resume** ¿De qué manera es la agricultura dañina para el medioambiente?

2. **Evalúa** ¿En cuál de los cinco pasos del plan crees que es más difícil que las personas se pongan de acuerdo? Explica tu respuesta.

3. **Saca conclusiones** ¿Cuáles podrían ser algunas de las motivaciones tras los argumentos de los agricultores convencionales y los orgánicos?

CONTEXTO Y VOCABULARIO

biocombustible *s.* combustible hecho a partir de cultivos, como el maíz o hierbas, en lugar de petróleo

caloría *s.* unidad de calor que se utiliza para indicar la medida de energía que el cuerpo humano obtiene de un alimento

convencional *adj.* tradicional; en la agricultura, el uso de fertilizantes y pesticidas químicos y especies de cultivos con genes modificados en laboratorios

cultivo de cobertura *s.* cultivo sembrado para prevenir la erosión del suelo

huella *s.* cantidad de espacio cubierto sobre una superficie por alguna cosa

orgánico *adj.* cultivado o hecho sin el uso de productos químicos artificiales

seguridad alimentaria *s.* estado de tener un acceso confiable a alimentos asequibles y nutritivos

CÓMO CRIAR UN
PESCADO MEJOR

POR JOEL K. BOURNE, JR.

Adaptado de "Cómo criar un pescado mejor",
por Joel K. Bourne, Jr., en *National Geographic*, junio de 2014

El escritor colaborador de National Geographic, Joel K. Bourne Jr., ha tenido una distinguida carrera cubriendo temas medioambientales por más de dos décadas. En este artículo, examina el rápido crecimiento de los criaderos de peces por todo el mundo y cómo estos afectan nuestros océanos.

MEJORES PECES, MÁS PECES

En una bodega oscura a los pies de las colinas de Virginia, Bill Martin arroja un cubo de *pellet* (alimento para peces) en un gran tanque de concreto. Peces blancos y gordos llamados "tilapia" se precipitan a la superficie. Él sonríe ante tanta voracidad. Martin dirige uno de los criaderos cubiertos de peces más grandes del mundo, vendiendo 12,000 libras de tilapia viva al día a mercados asiáticos desde Washington D.C., hasta Toronto, Canadá. "Mi modelo es el de la industria avícola", dice. "La diferencia es que nuestros peces son completamente felices".

"¿Cómo sabes que son felices?", pregunto. "Suelen demostrar que no lo son cuando mueren", dice Martin. "No he perdido ni un solo tanque de peces".

Un parque industrial en Appalachia puede parecer un lugar extraño para un criadero de peces, pero hoy

PESCADORES DEL FUTURO
A las afueras de las costas de Panamá emergen estas jaulas de peces con forma de diamante. Es hora de limpiarlas. Los buzos sobre ellas bombean aire por una tubería central, lo que eleva las jaulas. Las granjas a mar abierto como esta podrían abrir una nueva frontera alimenticia.

presenta los mismos problemas que la agricultura en tierra. Ambas destruyen los hábitats, contaminan el agua y presentan inquietudes a la seguridad alimentaria, debido a los animales enfermos. La contaminación acuícola (productos químicos y peces muertos) ahora se propaga por Asia, donde se encuentra en el 90% de los peces de criadero.

Sin embargo, el problema no es la acuicultura: es su rápido crecimiento. Los agricultores chinos comenzaron a criar carpas en campos de arroz hace 2,500 años atrás. Hoy en día, la producción en China ha aumentado a 42 millones de toneladas al año. Corrales repletos de peces que son criados rápidamente bordean muchos ríos, lagos y costas.

El genetista de peces chino, Li Sifa, es un científico que estudia las características genéticas de los peces. Li ha desarrollado una especie de tilapia de rápido crecimiento para aumentar la producción. "Esa es mi labor. Hacer mejores peces, más peces, para que los productores puedan hacerse más ricos y la gente pueda obtener más comida", dice Li.

¿Cómo hacemos eso sin propagar enfermedades y contaminación? Para el criador de tilapia, Bill Martin, la solución es simple: criar peces en tanques sobre tierra. Esto aleja a los piojos de mar y a las enfermedades, pero no es favorable para el medio ambiente. Aunque Martin recicla casi el 85% del agua en sus tanques, el resto (con un alto contenido de amoníaco y de desechos de peces) va hacia las plantas de aguas residuales. Para reemplazar el agua perdida, bombea medio millón de galones al día desde un **acuífero** subterráneo. Martin está convencido de que los sistemas recicladores son el futuro, pero hasta ahora, pocas granjas acuícolas poseen esos sistemas.

EL PRÓXIMO GRAN EVENTO

A ocho millas de la costa de Panamá, Brian O'Hanlon tiene un enfoque diferente. Me muestra una enorme jaula de peces, en la que nadan 40,000 cobias, con mucho espacio para moverse. O'Hanlon dirige la granja acuícola marítima más grande del mundo. Posee una docena de jaulas gigantes, que albergan a más de un millón de peces. En 2013, O'Hanlon despachó 800 toneladas de cobia a varios restaurantes de los Estados Unidos.

Las granjas acuícolas marítimas no tienen protección de las olas de 20 pies que golpean las jaulas. En aguas profundas, las jaulas son purgadas constantemente por la corriente oceánica. Se almacena una menor cantidad de peces por jaula, en comparación con una granja de salmones común. Además, no se han detectado desechos afuera de sus corrales y no ha tenido que tratar a las cobias con

en día, están por todas partes. El 2012, la producción a nivel mundial de mariscos provenientes de criaderos alcanzó más de 70 millones de toneladas, casi la mitad de todos los pescados y mariscos que se consumen en el planeta. Se espera que el crecimiento demográfico y la reputación de los mariscos como beneficiosos para el corazón aumenten la demanda aún más. Para satisfacerla, virtualmente todo el alimento deberá provenir de criaderos.

Esto es porque la cosecha mundial de pescado silvestre ha disminuido. Rosamond Naylor, quien ha estudiado los sistemas de **acuicultura** en la Universidad de Stanford, explica el desafío ecológico que estos presentan. "La gente está cautelosa, no desean que creemos otra industria de criaderos de engorda en el océano", señala.

Hay buenas razones tras este recelo. Esta "revolución azul", que ha traído camarones, salmón y tilapia a los congeladores de los supermercados, antibióticos. Brian O'Hanlon podría ser un pionero de la acuicultura.

ALIMENTAR A LOS PECES

Una gran ventaja de criar peces, en vez de animales terrestres, es que los peces necesitan menos alimento. Los peces son de sangre fría, por lo que requieren menos calorías para mantener una temperatura corporal cálida. Se necesita aproximadamente una libra de alimento para producir una libra de peces de cultivo. Comparemos eso con las casi siete libras de alimento por libra de carne de res. Siendo una buena fuente de proteína animal que alimenta a nueve mil millones de personas, la acuicultura (especialmente de **omnívoros** como la tilapia, la carpa y el bagre) parece ser una muy buena apuesta.

Pero algunos peces de criadero son carnívoros. En su hábitat natural, la cobia mantiene una dieta de peces o moluscos pequeños, que le brindan la mejor mezcla de nutrientes (incluyendo los ácidos grasos del omega-3, tan beneficiosos para el corazón humano). Quienes crían la cobia, como O'Hanlon, alimentan a sus peces con *pellets* que contienen hasta un 5% de aceite de pescado y un 25% de carne de pescado, o pescado molido seco. El resto son, en su

mayoría, nutrientes derivados de cereales. La carne y el aceite provienen de **peces forrajeros**, como sardinas y anchoas.

En años recientes, la pesca de peces forrajeros en la acuicultura ha crecido drásticamente. Esto preocupa a los críticos, quienes creen que es una locura ecológica succionar el fondo de la cadena alimenticia, para así fabricar tajadas de proteína relativamente baratas para alimentar a los peces de criadero.

En respuesta a esta crítica, los criadores de peces se han vuelto mucho más eficientes. Hoy en día, el alimento del salmón no contiene más de un 10% de carne de pescado. La cantidad de peces forrajeros usados por libra de producción ha disminuido, y podría hacerlo aún más, dice Rick Barrows del Departamento de Agricultura de los Estados Unidos. "Los peces no necesitan carne de pescado", dice. "Necesitan nutrientes. Hemos estado alimentando a las truchas arcoíris con dietas mayoritariamente vegetarianas por 12 años. Hoy, la acuicultura podría evitar la carne de pescado si así lo quisiera".

HALLAR LA SOLUCIÓN

Determinar con qué alimentar a los peces de criadero puede ser más importante que determinar dónde criarlos. Stephen Cross, de la Universidad de Victoria en British Columbia está intentando algo nuevo y su inspiración proviene desde la Antigua China.

Hace más de mil años atrás, los granjeros chinos desarrollaron un complejo **policultivo** de carpas, cerdos, patos y plantas en sus pequeñas granjas familiares. Usaban abono de cerdo y pato para fertilizar las algas de los estanques, las que a su vez alimentaban a las carpas. Luego, liberaban a las carpas en los arrozales inundados para que se comieran los insectos y las malas hierbas, y fertilizaran el arroz. Eventualmente, la carpa también se convertía en comida. Este sistema mantuvo a millones de chinos por siglos, y todavía se usa en China en la actualidad.

Cross creó su propio policultivo. Alimenta a solo una especie: el bacalao negro. Colocó cubetas de moluscos, corriente abajo desde donde se encuentran sus corrales, para que se alimenten de los desechos del bacalao. Junto a las cubetas, cultiva quelpo, un tipo de alga marina usada en sopas y sushi. Estas plantas acuáticas filtran el agua, absorbiendo otros contaminantes. Bajo los corrales de los peces, unas criaturas llamadas pepinos de mar (una delicia en China y Japón) se alimentan de los desechos más pesados que las otras especies pasan por alto.

En Rhode Island, el criador de ostras Perry Raso, realiza un **monocultivo**. No alimenta a sus 12 millones de ostras. Ellas son organismos filtradores

LIBRAS POR LIBRA

Las distintas fuentes de proteína animal en nuestra dieta generan demandas diferentes a los recursos naturales. Una medida es la "proporción de conversión de alimento": un estimado del alimento que se requiere para ganar una libra de masa corporal. Según esta medida, criar salmón es alrededor de siete veces más eficiente que criar vacuno.

1 libra de pienso

Libras de pienso requeridas para producir una libra de masa corporal

6.8 Ganado*

2.9 Cerdo

1.7 Pollo

1.1 Pescado**

1 libra de masa corporal

*Índice para el ganado Hereford; este índice podría variar para otras variedades de ganado
**Índice para el salmón; este índice es un poco más alto para otros peces
FUENTE: NATIONAL GEOGRAPHIC

El hombre camarón Solaiman Sheik exhibe su cosecha desde la pequeña laguna de su padre cerca de Khulna, Bangladesh: camarones de agua dulce, una exportación muy rentable.

que consumen algas y otras partículas presentes en el agua. Muchos expertos respaldan sus métodos porque argumentan que la clave de la sustentabilidad está en comer alimentos que estén en eslabones más bajos en la cadena alimenticia. Los moluscos están un eslabón antes de la base de la cadena.

Unos cientos de millas al norte de Maine, Paul Dobbins y Tollef Olson han descendido en la cadena alimenticia aún más. En 2009, lanzaron la primera granja de quelpo comercial de los Estados Unidos. Su quelpo crece hasta cinco pulgadas por día. Lo venden localmente congelado, como ensaladas, col y pastas.

"Lo llamamos el vegetal virtuoso", dice Dobbins, "ya que creamos un producto nutritivo sin tener tierras agrícolas, agua dulce, fertilizante o pesticidas. Y estamos ayudando a limpiar el océano mientras lo hacemos. Nos gusta creer que el océano lo aprobaría".

¡PIÉNSALO!

1. **Analiza las causas y los efectos** ¿Cuáles son las razones por las que aumenta la demanda de mariscos de criaderos?

2. **Forma y apoya opiniones** ¿Cuál de las granjas acuícolas descritas en este artículo parece haber descubierto la mejor forma de criar en favor del medioambiente? Respalda tu opinión con detalles del artículo.

3. **Analiza los datos** ¿Cuál es la proporción de conversión de alimento para cerdos, comparado con el alimento de los peces?

CONTEXTO Y VOCABULARIO

acuicultura s. crianza de animales y plantas acuáticas como alimento

acuífero s. capa de roca porosa que absorbe y retiene el agua

monocultivo s. crianza de un solo organismo o cultivo en un área amplia

omnívoro s. animal que come plantas al igual que otros animales

pez forrajero s. especie pequeña de pez que come organismos microscópicos y que es presa de animales más grandes

policultivo s. crianza de múltiples organismos o cultivos en el mismo espacio y en el mismo lugar

NATIONAL GEOGRAPHIC

DIARIO DEL EXPLORADOR
con **Barton Seaver**

POR KEITH BELLOWS

Adaptado de "Un pescador de hombres", por Keith Bellows,
en *National Geographic Traveler*, octubre de 2011

UN PESCADOR EXTRAORDINARIO
Barton Seaver cumple muchos roles,
y uno de ellos es el de pescador. Aquí
se le ve ayudando a sacar ostras del río
Rappahannock en la Bahía de Chesapeake,
en Virginia.

LA CENA ESTÁ SERVIDA
En su trabajo con cocineros y médicos (y en sus libros de cocina), Seaver hace hincapié en comer una gran variedad de pescados.

BARTON SEAVER ha estado estrechamente conectado con el océano desde su infancia, cuando iba a pescar con su padre. Ahora, como chef, activista y miembro de National Geographic, promueve la pesca sustentable de productos del mar. La misión de Seaver es identificar formas de disfrutar de la abundancia del mar sin dañarlo.

CARA A CARA CON LA CENA

Pocas personas conocen el pescado que se sirve para la cena antes de que haya sido cocinado. Aún menos saben de los riesgos cada vez mayores de los peces del mundo. De niño, Barton Seaver, miembro de National Geographic, tuvo una relación cercana y personal con la comida del mar. Él y su familia pescaban en las aguas saladas de Maryland. Comían lo que pescaban momentos después de quitarle el anzuelo.

"Mi hermano y yo sacábamos grandes cangrejos macho en el muelle y devolvíamos a las hembras. Pescábamos **lubina rayada** y **pez azul** en el embarcadero. Para cuando me convertí en chef, los cangrejos eran caros y la mayoría provenía de Venezuela. La lubina rayada no estaba disponible. Las poblaciones de peces azules habían sido destruidas. Me di cuenta de que la abundancia que experimenté cuando niño había desaparecido en 10 o 15 años", recuerda. Estos eventos dejaron su huella. Seaver se interesó aún más en la comida y de dónde esta provenía. Finalmente se convirtió en chef.

EDUCACIÓN GLOBAL

Curioso por la comida de otros países, Seaver viajó a España. Allí trabajó para un pequeño restaurante y aprendió sobre la cocina y comida española. Luego se dirigió a Marruecos, donde logró obtener una comprensión más profunda de cómo los seres humanos dependen del mar.

"Una de mis mejores experiencias de aprendizaje fue en Essaouira, una ciudad marroquí costera. Encontré estas pequeñas chozas donde los hombres asaban comida marina a la parrilla. Yo no hablaba el idioma, pero como sabía de comida, podíamos comunicarnos. Hablábamos del aceite de oliva, el fuego y el pescado. A través de esa conexión, empecé a crear una relación con estos cocineros y pescadores", señala Seaver.

Los pescadores que conoció solo pescaban lo que necesitaban, lo que permitía que las poblaciones de peces se recuperaran. Sin embargo, las grandes empresas pesqueras que suministran a países como los Estados Unidos no son tan cuidadosas. Usan enormes redes para capturar grandes cantidades de peces, pero solo se quedan con algunos. Los otros mueren y se desperdician. Las especies como la lubina rayada que a Seaver le encantaba comer cuando niño, disminuyen cada vez más.

"Solo diez especies constituyen el 85% del pescado que comemos".
— *Barton Seaver*

Desde que se convirtió en Explorador de National Geographic el 2010 y miembro de National Geographic el 2012, Seaver se ha dedicado a enseñar a los chefs y consumidores sobre la sustentabilidad de los productos marinos. Ayuda a las personas y empresas a decidir qué peces comprar. Después de trabajar con él, varios hospitales y escuelas comenzaron a servir solo productos marítimos de fuentes sustentables. Otras compañías han seguido su ejemplo. Ya que compran grandes cantidades de pescado, pueden tener un efecto importante en qué tipos de pescado atrapan los pescadores comerciales.

Seaver también ha ayudado al Acuario de Nueva Inglaterra a educar a los profesionales de la industria alimentaria sobre la importancia de los productos del mar **sustentables**. Aprende mucho al hablar con los chefs y camareros que compran y venden productos marinos, y ellos también aprenden de él. Por ejemplo, hacer un seguimiento de los productos del mar no es una carga, sino una oportunidad para mejorar las relaciones con los clientes. Seaver también incentiva a los consumidores a probar nuevos tipos de pescados, incluyendo especies que pueden ser cultivadas. Al explicar qué especies de peces son más abundantes, espera disminuir la demanda de especies que están en riesgo.

Como el chef que es, Seaver sabe que los cocineros deciden qué especies de peces se comen en los restaurantes. Los pescados vistos con más frecuencia en un menú, como el bacalao y el atún, han sufrido los efectos de la demanda humana, con un descenso en el número de dichas especies en los últimos años. En 1992, la pesca del bacalao de **Terranova** colapsó. Su pesca fue prohibida. No solo se habían ido los peces, sino que 40,000 personas que dependían de esa pesca perdieron sus trabajos. Las leyes para proteger a los peces son importantes. Pero Seaver ve otra manera de ayudar.

EL CHEF SEAVER
Como chef, Seaver ha ganado numerosos premios por preparar y servir productos del mar de fuentes sustentables.

RESTABLECER EL EQUILIBRIO

"Los chefs son las manos guía de la selección natural", explica Seaver. "Por ejemplo, en los últimos 30 años popularizaron el atún azul. Este pez solía ser comida para gatos, o **morralla**. Pero si los chefs tenemos el poder de destruir, también podemos restaurar".

El restaurante de Seaver en Washington, D.C., *Hook*, fue otra oportunidad de hacer una diferencia real. Explica: "Solo diez especies constituyen el 85% del pescado que comemos". Seaver quería que *Hook* fuera diferente de otros restaurantes, por lo que ofrecía casi 80 tipos de pescado. Con el fin de lograrlo, Seaver estableció relaciones con los pescadores locales, acordando servir lo que fuera que pescaran cada día. Ya que siempre estaba sirviendo algo nuevo, su restaurante se convirtió en un éxito entre los curiosos comensales. Les encantaba ser sorprendidos por la captura del día: de todo, desde el pez volador hasta el cazón.

Seaver ya ha abandonado el negocio de los restaurantes, pero comparte las recetas en sus libros de cocina. Él sugiere servir más verduras que pescado. Al dirigir la atención hacia los pimientos o el brócoli y al hacer que la comida del mar sea más un plato de acompañamiento, él crea un platillo en que se emplea menos pescado. Este tipo de platillos equilibran los beneficios de comer pescados y mariscos con las exigencias impuestas al océano.

Seaver espera que este tipo de cambios sencillos en los hábitos alimenticios puedan ayudar a las personas a darse cuenta del poder de sus elecciones alimentarias. Cuando los consumidores saben que cierto tipo de pescado está en riesgo, pueden probar otro tipo igualmente delicioso que se pueda pescar sustentablemente en su lugar. También pueden buscar pescados locales, los que tienen un menor impacto en el medioambiente. Las grandes empresas suelen enviar el pescado a otros países, en donde se limpian y congelan. Estos luego regresan a los Estados Unidos para ser vendidos, un proceso que consume energía y causa contaminación.

El 2012, Seaver fue nombrado **embajador** alimentario por el Departamento de Estado de los Estados Unidos. Ahora él tiene la oportunidad de

LIMPIADOR DE OSTRAS
Seaver limpia ostras y charla con su equipo después de la abundante cosecha del día.

abordar los problemas de sustentabilidad a nivel mundial. Espera iniciar conversaciones sobre la riqueza de los productos del mar a través del mundo para que todos podamos seguir disfrutando de ellos.

¡PIÉNSALO! ||||||||||||||||||||||||||||||||||||||||||||||||||

1. **Identifica problemas y soluciones** ¿Cómo pueden los cambios en la alimentación beneficiar a los océanos?

2. **Haz y responde preguntas** ¿Qué le preguntarías a Seaver acerca de sus aventuras como pescador y como chef?

CONTEXTO Y VOCABULARIO

embajador *s.* representante o mensajero de una idea

lubina rayada *s.* pez depredador de tamaño medio que habita a lo largo de la costa atlántica

morralla *s.* pez que es generalmente desechado por los pescadores

pez azul *s.* pez de agua salada, depredador de tamaño medio

sustentable *adj.* capaz de continuar sin agotarse

Terranova *s.* isla canadiense en el océano Atlántico

EL PRÓXIMO GRANERO

POR JOEL K. BOURNE, JR.

Adaptado de "El próximo granero", por Joel K. Bourne, Jr., en *National Geographic*, julio de 2014

El escritor de National Geographic Joel K. Bourne, Jr., viajó a África, el continente con mayor hambruna en el planeta, donde el futuro se ve promisorio para las corporaciones extranjeras que acaparan tierras para granjas industriales. Cómo se ve el futuro para los agricultores africanos que están siendo desplazados, es otro asunto.

UNA NIÑA CON SUS CABRAS
Una niña arrea las cabras de su familia en las montañas Sheikh de Somalilandia. Estas cabras eventualmente serán vendidas a un mercado ganadero y exportadas a Arabia Saudí.

EL MEJOR SUELO Y CLIMA

Ella nunca vio el gran tractor que se acercaba. Primero, arrancó sus árboles de banana. Luego el maíz, legumbres, batatas y tapioca. En pocos minutos, el lote de un acre, que había alimentado a Flora Chirime y a su familia por años, fue nivelado. Ahora es parte de una granja de 50,000 acres que pertenece a una corporación china, un damero de campos en el delta del río Limpopo, en Mozambique.

"Nadie habló conmigo", dice Chirime, enojada. "Un día hallé al tractor en mi terreno arando todo. Nadie que haya perdido su **machamba** ha sido compensado". El gobierno de Mozambique ha favorecido a las grandes corporaciones por sobre los agricultores locales por años, y no fue diferente esta vez. Miles perdieron sus tierras. Quienes obtuvieron trabajos en la granja trabajan siete días a la semana, sin pago por horas extra.

La situación de Chirime no es única. Ella es solo una pequeña parte de una historia más grande en la agricultura global: el esfuerzo por convertir al África subsahariana (los países al sur del Sahara) en un nuevo granero, o región productora de granos para el mundo. Los inversionistas corporativos visitan países donde la tierra es económica y los derechos de propiedad suelen ser ignorados. Muy a menudo, visitan África. Es uno de los pocos lugares donde aún hay bastante tierra sin cultivar y agua para irrigarla.

Además, África posee la "brecha de rendimiento" más amplia de la Tierra. Aunque los productores de granos promedian tres toneladas de grano por acre en cualquier otro lugar, el promedio subsahariano es de solo media tonelada. La revolución verde nunca echó raíces en África, donde la pobre **infraestructura**, mercados limitados y guerras civiles impidieron el progreso. Hoy, muchos de esos impedimentos están cayendo. Hay economías en crecimiento y elecciones más pacíficas en el área. Si los productores de granos pudieran elevar el rendimiento a incluso dos toneladas por acre, podrían alimentarse e incluso exportar alimento, ganando el dinero que tanto necesitan.

Una visión optimista, sin dudas. La gran interrogante es: ¿Quién se dedicará a cultivar en el África del futuro? ¿Agricultores vulnerables como Chirime, que trabajan en lotes de un acre? ¿O corporaciones que operan enormes granjas industriales? A los grupos humanitarios generalmente no les gustan los tratos corporativos sobre las tierras. Pero algunos expertos creen que el dinero, la infraestructura y la tecnología son exactamente lo que estas áreas rurales pobres necesitan. Los agricultores grandes y pequeños necesitan aprender a trabajar en conjunto. La clave está, según Gregory Myers de **USAID**, en proteger los derechos que la gente tiene sobre esas tierras. "Eso podría reducir la pobreza mundial significativamente", dice, "podría ser la noticia más importante del siglo".

"Si le escribieras una carta a Dios y le pidieras el mejor suelo y las mejores condiciones climáticas para cultivar, esto sería lo que te mandaría", dice Miguel Bosch, quien administra Hoyo Hoyo, una granja corporativa de 25,000 acres de granos de soja en Mozambique.

Tierra fértil, una creciente demanda por comida y un gobierno dispuesto a cerrar grandes negocios por tierras, han puesto a Mozambique en el centro de la fiebre por territorios africanos. En 2013, la nación fue la tercera más pobre del mundo. Pero los hallazgos de carbón y depósitos de gas natural han ayudado a que la economía de Mozambique crezca, atrayendo a inversionistas extranjeros. Japón está construyendo caminos y puentes, mientras que las compañías portuguesas construyen puertos y líneas férreas. China ha construido un nuevo aeropuerto, un estadio de fútbol y edificios gubernamentales.

"No estoy feliz, estoy enojada", dice Fátima Alex, quien perdió su pequeño terreno en Mozambique, el que fue reemplazado por una plantación china de arroz. "Esa granja nos dio alimento. Ahora no tengo nada".

PROMESAS ROTAS

Firmar un trato con el gobierno es la parte fácil. Poner en marcha una granja masiva y obtener ganancias es algo completamente diferente. Hoyo Hoyo iba a ser supuestamente un ejemplo de la nueva agricultura africana. En vez de eso, demostró cómo estos tratos pueden salir mal.

En 2009, una compañía portuguesa alquiló una granja estatal abandonada donde pobladores habían estado cultivando comida por años. Los empresarios portugueses les prometieron trabajos, una escuela y terrenos para cultivar en otro lugar. Sin embargo, muy pocas promesas se cumplieron. Solo cerca de 40 hombres obtuvieron trabajos con sueldos bajos. Quienes recibieron acres descubrieron que los lotes estaban lejos de sus hogares, eran pantanosos y estaban cubiertos de maleza.

Custodio Alberto recibió parte de esa tierra. Lo conocí en la reunión de un grupo de vecinos que colaboraban para cosechar soja en sus campos. "Para nosotros, agricultores pequeños, la producción de esta soja garantiza el ingreso familiar", dice Alberto. "Los terrenos son fundamentales para nosotros. Sin los campos, no hay vida".

El conflicto de Hoyo Hoyo no es nada comparado con lo que se avecina. En 2009, el gobierno aprobó un proyecto con Brasil llamado ProSavana, y es posiblemente el tratado por tierras más grande que se ha realizado. Un área del tamaño de Carolina del Norte sería dotado de modernos cultivos de 25,000 acres de grano de soja, administrado por agroindustrias brasileñas. También se construirían centros técnicos para educar a los agricultores locales.

Ese era el plan. Pero al recorrer la región en 2013, un grupo de brasileños descubrió que la mayor parte del área ya había sido alquilada para la minería o la tala, protegida como reserva natural o cultivada por agricultores locales.

Algunos observadores han cuestionado la sensatez de los proyectos como ProSavana. Señalan cómo las compañías desplazan a los agricultores locales y luego se benefician por medio de los bajos salarios y precios de las tierras. Sin embargo, el gobierno de Mozambique no está de acuerdo con ello. En su lugar, apunta a las grandes granjas como la solución.

"Veo a ProSavana, al igual que la región del valle de Zambezi, como la reserva de alimento del país", dice el economista del gobierno Raimundo Matule. "No me imagino granjas enormes como las de Brasil, pero sí más productores medianos. Los brasileños tienen el conocimiento, tecnología y equipos que podemos adaptar y transferir a las granjas medianas. Si ProSavana no contribuye a la seguridad del

alimento, entonces no tendrá el apoyo del gobierno", explica Matule.

UN NUEVO MODELO

A un par de millas de Hoyo Hoyo, Armando Alfonso Catxava sigue un productivo término medio. Armando cultiva granos de soja en sus 64 acres subcontratado por la compañía *African Century Agriculture*. La compañía le brinda las semillas y el desmalezado. Él vende sus granos de soja a la compañía a un precio ya fijo, y ambos reciben ingresos por esto. "Yo creo que los cultivos medianos son el secreto", dice Catxava. "Los grandes ocupan mucho espacio y no hay lugar para que viva la gente".

"Antes, cultivaba comida para mi familia y duraba dos semanas", dice Marie Mukarukaka. Después de recibir un préstamo de semillas y fertilizante, ha aumentado su producción e incluso cría ganado.

Rachel Grobbelaar, quien dirige la compañía *African Century*, trabaja con más de 900 subcontratados. "Ayer visité a uno de nuestros pequeños granjeros en las montañas", me dijo Grobbelaar. "Él no podía creerlo. Había ganado 37,000 meticais (1,200 dólares estadounidenses). Eso es mucho dinero. Realmente apoyo el modelo de subcontrata en África. Las granjas comerciales pueden darles un trabajo, pero les arrebatan las tierras y suelen pagar el sueldo mínimo".

No obstante, las granjas más grandes también pueden beneficiar a la gente. Tomemos el caso de Dries Gouws. Él comenzó con 30 acres de árboles de banana cerca de Maputo, hace 14 años. Gouws convirtió su negocio en Bananalandia, la granja más grande de bananas de Mozambique.

Gouws está a favor de una mezcla de granjas grandes y pequeñas. Los pequeños agricultores pueden criar ganado y alimentar a sus familias, mientras que las grandes granjas incorporan servicios que el estado no provee. A medida que su granja creció y se volvió exitosa, Gouws devolvió el favor a la comunidad. Pavimentó caminos, construyó una escuela y una clínica, cavó pozos de agua y tendió 34 millas de cableado eléctrico para sus vecinos.

"Construí este tendido eléctrico para la aldea", dice Gouws. "Nunca me pidieron que lo hiciera ni esperaban que lo hiciera. Pero en cierto nivel, queremos hacer del mundo un mejor lugar, ¿no es así? No puede ser solo por el dinero".

LA COSECHA DE LA MONTAÑA
Los miembros de una familia cosechan trigo en las montañas de Etiopía. Ya que más de un tercio de los etíopes están desnutridos, el gobierno espera que las granjas industriales logren reducir esta brecha.

Sin embargo, quienes estudian el desarrollo en África subsahariana argumentan que el dinero está impulsando la fiebre por los terrenos africanos. Para alimentar a 2 mil millones de personas adicionales para el 2050, los inversionistas tendrán que asignar 83 mil millones de dólares cada año a proyectos de la agroindustria. La clave para asegurar un desarrollo equilibrado, es asegurar que las grandes granjas respeten los derechos de propiedad y compartan su experticia con los agricultores locales.

"Si pudiéramos hacer eso, tendríamos el triple del éxito", dice Darryl Vhugen, un abogado que ayuda a los granjeros más vulnerables a defender sus derechos de propiedad. "Los inversionistas se benefician, las comunidades locales se benefician y las naciones se benefician del trabajo, la infraestructura, la seguridad alimenticia. Eso es excelente".

En un camino rural del proyecto propuesto de ProSavana, me detengo a conversar con un agricultor y su esposa. Nunca han oído hablar de ProSavana. Están tratando de alimentar a su familia de siete mediante el cultivo del maíz y la venta de palos de bambú. La familia entera parece estar desnutrida.

Otros dos hombres (delgados y andrajosos) se acercan en medio de la conversación. Les pregunto si cambiarían sus granjas pequeñas por un trabajo en una granja más grande. Dado su obvio nivel de pobreza, responden que sí, sin dudarlo siquiera. Está por verse si los futuros agricultores de Mozambique serán granjeros industriales como los de Iowa, o más pequeños pero productivos cultivadores de arroz, como los de Vietnam. Pero todos los sectores están de acuerdo en que las cosas tienen que cambiar.

¡PIÉNSALO! ||||||||||||||||||||||||||||||||||||||||||||||||||||

1. **Analiza problemas** ¿Por qué crees que ha sido tan fácil para las corporaciones extranjeras romper las promesas que les hacen a los agricultores africanos?

2. **Sintetiza** Considera las opciones disponibles a los agricultores africanos, ahora que las corporaciones agrícolas están llegando al continente. ¿Por qué el modelo a subcontrata sería una buena solución para ellos?

CONTEXTO Y VOCABULARIO

infraestructura *s.* estructura permanente construida para el uso público como caminos, puentes, vías férreas y alcantarillados

machamba *s.* término Suajili usado en Mozambique para referirse a un lote pequeño de tierra, que es propiedad de una familia y trabajado por la misma, para plantar cultivos para su supervivencia

USAID *s.* acrónimo para *United States Agency for International Development* (Agencia de los Estados Unidos para el Desarrollo Internacional), una agencia gubernamental que provee asistencia técnica y financiera para impulsar el desarrollo en países de bajos ingresos

MÁS ALLÁ DE
DELICIOUS

Se podría decir que la manzana perdió su encanto en las décadas de 1920 y 1930 con la llegada de los embarques refrigerados de larga distancia. Miles de manzanas tradicionales, o variedades no producidas por la agricultura convencional, se extinguieron comercialmente. Los contenedores de manzanas *Delicious, Jonathan* y *Roma* eran todos afamados por su durabilidad y belleza, pero estos productos eran bastante sosos de sabor.

¿Qué pasó entonces? "La gente apagó sus papilas gustativas", dice Diane Miller, genetista en manzanas de la Universidad del Estado de Ohio. Se tomó mayor conciencia sobre la manzana, dice Miller, con la llegada del bien llamado híbrido *Honeycrisp*, en 1991. Ahora los criadores producen docenas de sabrosos nuevos híbridos cada año, y las manzanas tradicionales, como las que aparecen a la derecha, están nuevamente en boga.

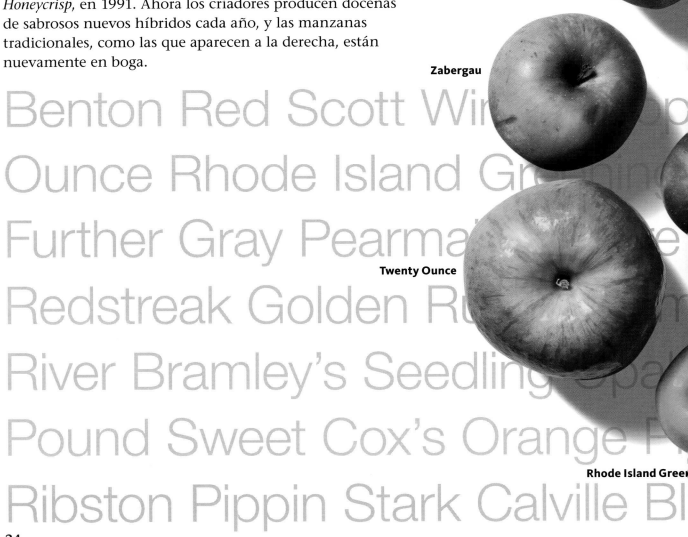

Benton Red

Westfield S
No Furt

Scott Winter

Esopus
Spitzenburg

Zabergau

Twenty Ounce

Rhode Island Gree

Benton Red Scott Win

Ounce Rhode Island G

Further Gray Pearma

Redstreak Golden R

River Bramley's Seedling

Pound Sweet Cox's Orange

Ribston Pippin Stark Calville Bl

Wagener

Roxbury Russet

Cox's
Orange Pippin

Starkey

Winter Banana

Wolf River

Tolman Sweet

ay Pearmain

Magog Redstreak

Bramley's Seedling

Stark

Empire

Opalescent

Ribston Pippin

Golden Russet

Rolfe

Calville Blanc d'Hiver

Nodhead

Pomme Gris

Blue Pearmain

Deane
(Nine Ounce)

Pound Sweet

LA CENA, POR AHORA
Kristin Hahn visita un comedor de beneficencia en Iowa. Más de la mitad de los 48 millones de personas clasificadas como en inseguridad alimentaria son blancos y más de la mitad vive fuera de las ciudades.

LA NUEVA CARA DEL HAMBRE

POR TRACIE MCMILLAN

Adaptado de "La nueva cara del hambre", por Tracie McMillan, en *National Geographic*, agosto de 2014

Solía ser que solo los países pobres tenían números altos de personas en sus poblaciones que sufrían de hambre. Pero en los Estados Unidos, el país más rico del mundo, millones de trabajadores estadounidenses no saben de dónde saldrá su próxima comida.

UNA LUCHA CONSTANTE

En una mañana gris en el condado de Mitchell, en Iowa, Christina Dreier envía a su hijo Keagan a la escuela sin desayunar. Él es un niño terco de 3 años de edad que usualmente rehúsa consumir la comida gratis a la cual califica en el preescolar. Si Christina envía a Keagan hambriento a la escuela, quizás él coma el desayuno gratis allí, y en casa tendrán algo que comer para el almuerzo.

Su plan fracasa. Keagan ignora el desayuno de la escuela y tiene tanta hambre para el almuerzo que Dreier tiene que buscar en el refrigerador para armar una merienda contundente. Solo encuentra 7 deditos de pollo, unas papas rellenas y un par de salchichas. Ha usado la mayoría de la comida que consiguió la semana pasada en una despensa de comida local. Su propio almuerzo serán los trocitos de papas rellenas que sobren de los platos de los niños.

El miedo de no poder alimentar a sus hijos es constante. Ella y su esposo Jim, siempre están tratando de dejar algo de dinero para alimentos, incluso si ello significa dejar de pagar otras cuentas. Obtienen lo que pueden de una despensa local y califican para el Programa de Asistencia de Nutrición Suplementaria, o **SNAP** (por su sigla en inglés). Pero esos beneficios fueron reducidos de $205 a $172 dólares por mes en 2013. Compara eso con el cálculo del "plan ahorrativo" de gasto de alimentos del Departamento de Agricultura de los Estados Unidos (USDA, en inglés), para una familia de cuatro miembros: alrededor de $130 dólares por semana.

Esta tarde en particular, Dreier está preocupada por la van familiar, que está al borde de la **toma de posesión**. Los Dreier quieren abrir una nueva cuenta bancaria para así poder hacer pagos automáticos, en vez de rebuscárselas cada vez para conseguir el dinero. Pero emplear el tiempo para poder ir a abrir la cuenta sería renunciar a las horas extras que les permiten pagar por la comida. El mismo dilema se repite cada mes. Las cuentas no se pagan porque comprar comida es más importante. "Tenemos que comer", dice Dreier. "No podemos pasar hambre".

UN NUEVO VOCABULARIO

Es posible que si te imaginas el rostro del hambre, no te imaginarías a alguien como Christina Dreier. Ella es una mujer blanca, casada, tiene un hogar, se viste relativamente bien y tiene un poco de sobrepeso. Hoy, la imagen del hambre en los Estados Unidos no luce como en las fotos en blanco y negro de la Gran Depresión. Aquellas representaciones de hombres y mujeres de rostro demacrado, viviendo en ciudades, esperando en filas para recibir comida porque habían perdido sus trabajos y no percibían sueldos. "Esta no es la hambruna que sufrieron nuestros abuelos", dice Janet Poppendieck, una socióloga de Nueva York. "Hoy, más personas trabajadoras y sus familias pasan hambre porque sus ingresos han disminuido".

En los Estados Unidos, más de la mitad de los núcleos familiares que pasan hambre son de raza blanca. Dos tercios de esos núcleos en donde hay niños, hay al menos un adulto que trabaja a tiempo completo. Con esta nueva imagen, llega un nuevo vocabulario. En 2006, el gobierno reemplazó el término "hambriento" por alguien que sufre de "inseguridad alimentaria", para describir a los hogares en que las personas no tenían lo suficiente como para comer, por lo menos en algún momento. Sea cual sea el nombre, el número de personas que sufren de hambre en los Estados Unidos aumentó de 8 millones a finales de 1960, a 48 millones en 2012. Encontrar alimento se ha convertido en una inquietud crucial para millones. Uno de cada 6 estadounidenses reporta escasez de alimento al menos una vez al año. En muchos países europeos, el número es cercano a uno entre 20.

Presenciar el hambre en los Estados Unidos hoy en día es entrar a un lugar desolador donde en los refrigeradores solo suele haber mostaza y kétchup. Aquí, las cenas se preparan con los ingredientes procesados que vienen de las despensas. Las frutas y verduras frescas solo se consumen después de que llegan los pagos del programa SNAP. El guardar alimentos conseguidos en el trabajo y saltarse comidas se vuelven estrategias normales para poder ampliar la reserva de alimentos.

> "El problema no puede solucionarse al decirle a las personas que se coman sus frutas y verduras, porque en esencia, este es un problema relacionado con el salario, con la pobreza".
>
> —RAJ PATEL, EXPERTO EN ALIMENTACIÓN GLOBAL

Parece tentador hacerles una pregunta a las familias que reciben asistencia alimenticia: Si están realmente en situación de hambre, entonces, ¿cómo pueden estar (como muchos lo están) con sobrepeso? "La **paradoja** está en que el hambre y la obesidad son dos caras de una misma moneda", dice Melissa Boteach, vicepresidenta del Programa de Pobreza y Prosperidad del Centro de Progreso Estadounidense. "La gente debe intercambiar la comida que satisface por los alimentos nutritivos, y eso puede contribuir a la obesidad". Para muchas personas en situación de hambre en los Estados Unidos, las libras extra que resultan de una dieta pobre son los inesperados efectos secundarios del hambre misma.

LA NUEVA UBICACIÓN DEL HAMBRE

Como el rostro del hambre cambió, también cambió su dirección. El pueblo de Spring, Texas, es un suburbio con calles curvas, árboles de sombra y rejas de protección. Allí vive el sueño americano, pero también es el lugar donde la pobreza está en alza. Las viviendas urbanas se han vuelto muy costosas para el trabajador pobre. El hambre en los suburbios se ha más que duplicado desde el año 2007.

El problema del hambre en los suburbios en los Estados Unidos es que no es obvia. Quienes la sufren conducen automóviles, los que aquí son una necesidad, no un lujo. En tiendas de segunda mano es posible hallar ropa y juguetes, lo que hace que sea barato mantener la apariencia de clase media.

El noroeste de Houston es uno de los mejores lugares para ver cómo la gente vive con lo que podríamos llamar una "dieta de salario mínimo". Un alto porcentaje de núcleos familiares en Houston recibe asistencia del programa SNAP, donde al menos un miembro de la familia mantiene su trabajo.

Las hermanas Jefferson, Meme y Kai, viven aquí. Su hogar tiene cuatro dormitorios, un garaje para dos coches y dos baños. Comparten la casa con su extensa familia de 15 personas, incluyendo a su madre discapacitada y cinco nietos. La casa tiene un computador de escritorio en la sala de estar y un televisor en la mayoría de los cuartos, pero solo dos camas. Casi todos duermen en colchones o mantas tendidas en el suelo. Tres adultos trabajan tiempo completo, pero su sueldo no es el suficiente para alimentar a la familia sin la asistencia alimentaria.

El problema central es la falta de trabajos que paguen un sueldo con el que las familias puedan vivir. Así que la asistencia alimentaria se ha convertido en la manera de complementar los bajos salarios de la sociedad. Al igual que la mayoría de los nuevos estadounidenses en situación de hambre, los Jefferson no enfrentan una total ausencia de alimento. Pero siempre tienen el miedo de no poder contar con el próximo plato de comida. Meme me muestra el abastecimiento de comida de su familia. El refrigerador contiene cajas de comida para llevar y bebidas. Dos despensas contienen frijoles enlatados y salsas. La comida en sus dos congeladores en la cochera se ha reducido a una reserva para un par de días. Meme cuenta que les dijo a los niños un par de meses atrás que estaban comiendo demasiado y desperdiciando comida. "Les dije que si seguían desperdiciando la comida, tendríamos que ir a vivir en una esquina, mendigando dinero o algo así".

Jacqueline Christian es otra madre de Houston que tiene un trabajo de tiempo completo, conduce un buen coche y viste ropa bonita. A simple vista, es difícil divisar las dificultades de la familia. Pero su ropa proviene principalmente de tiendas de segunda mano y viven en una casa de acogida. A pesar de recibir $325 dólares mensuales en cupones para alimentos, Christian se preocupa por no tener suficiente comida "casi la mitad del año".

Christian trabaja como asistente médico en el hogar, gana $7.75 dólares por hora y atraviesa todo Houston para ver a sus clientes. Su horario y su salario influencian lo que come. A menudo debe depender de la comida preparada de los almacenes. "No puedes devolverte a casa para cocinar", dice.

Christian ya comenzó su día y realizó docenas de trámites, entre ellos convencer a su oficial de **préstamo de pago** para que le dé un día extra. Ahora debe recoger a sus hijos de la escuela. A medida que oscurece, su hijo de 7 años, Jeremiah, empieza a quejarse de que tiene mucha hambre. Un restaurante de comida rápida aparece más adelante.

Christian se detiene en la ventanilla del restaurante y ordena un combo de pollo frito y quimbombó por $8.11 dólares. Le toma tres tarjetas de crédito rechazadas y un préstamo de emergencia de su madre (quien vive cerca) para pagar la comida.

Cuando la comida llega, todo el mundo se alivia. En el camino de vuelta al albergue, sus niños comen y no dejan nada. Christian dice que sabe que no puede costear comer fuera y sabe que la comida rápida no es saludable. Pero no quería que sus niños se fueran a la cama sin haber cenado.

Es posible comer bien y barato, pero requiere recursos y habilidades que pocos estadounidenses de pocos ingresos poseen. Una que sí posee esas habilidades es Kyera Reams de Osage, Iowa, quien dedica una cantidad considerable de energía para alimentar a su familia de seis con una dieta saludable. Ella depende de los bancos de alimentos y $650 dólares en beneficios mensuales del programa SNAP. Reams descubrió que podía usar los beneficios del programa para comprar plantas de verduras y así cultivar sus propios productos. Aprendió por sí sola a enlatar las verduras y a buscar jengibre y arándanos

silvestres. Incluso aprendió a encontrar champiñones silvestres que sean aptos para el consumo.

"No comeríamos sano si todos viviéramos de la comida de los bancos de alimentos", dice Reams. Muchos alimentos encontrados en estas despensas tienen un alto contenido de sal, azúcar y grasa. Ella estima que su familia podría vivir tres meses con la nutritiva comida que ha guardado. En otras palabras, los Reams tienen seguridad alimentaria. Pero esto es solo porque Kyera pasa mucho tiempo trabajando en ello, además de cuidar a su esposo discapacitado. Los ingresos por su discapacidad son su única renta.

Muchos trabajadores pobres no tienen el tiempo, o no saben cómo comer bien con poco. A menudo, ya que tienen más de un trabajo, comen a la rápida. Los alimentos saludables pueden ser difíciles de hallar en comunidades con pocos o nulos mercados cerca.

AYUDA PARA LOS POBRES

Más de 48 millones de estadounidenses dependen del programa SNAP, el Programa de Asistencia de Nutrición Suplementaria. En 2013, el beneficio mensual promedio era de $133.07 dólares por persona, menos de $.50 por comida. ¿Quién califica para el programa? Familias con ingresos no mayores del 130 por ciento de la tasa de pobreza. Para una familia de cuatro miembros, el rango para calificar es de $31,005 dólares al año.

17.6 millones
de hogares en los Estados Unidos no tienen los recursos adecuados para satisfacer sus necesidades alimenticias.

72%
de los beneficiarios del programa SNAP son niños, adultos discapacitados o de la tercera edad.

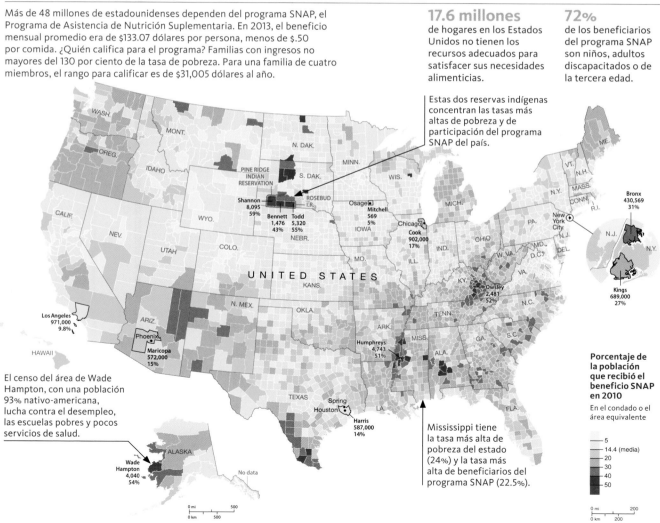

Estas dos reservas indígenas concentran las tasas más altas de pobreza y de participación del programa SNAP del país.

Pine Ridge Indian Reservation

Shannon 8,095 59%

Bennett 1,476 43%

Todd 5,320 55%

Rosebud I.R.

Osage Mitchell 569 5%

Chicago

Cook 902,000 17%

Bronx 430,569 31%

New York City

Kings 689,000 27%

Owsley 2,481 52%

Los Angeles 971,000 9.8%

Humphreys 4,743 51%

Phoenix

Maricopa 572,000 15%

Spring Houston

Harris 587,000 14%

El censo del área de Wade Hampton, con una población 93% nativo-americana, lucha contra el desempleo, las escuelas pobres y pocos servicios de salud.

Wade Hampton 4,040 54%

ALASKA

No data

Mississippi tiene la tasa más alta de pobreza del estado (24%) y la tasa más alta de beneficiarios del programa SNAP (22.5%).

Porcentaje de la población que recibió el beneficio SNAP en 2010

En el condado o el área equivalente

- 5
- 14.4 (media)
- 20
- 30
- 40
- 50

0 mi 500
0 km 500

0 mi 200
0 km 200

Jackie Christian alimentó a sus hijos con pollo frito porque fue la opción más rápida, no porque sea la más económica. Cuando las personas en situación de hambre tienen dinero para comer, eligen lo más conveniente, al igual que las familias acomodadas.

LA RAÍZ DEL PROBLEMA

Es una cruel ironía que la gente en pueblos rurales de Iowa pueda estar desnutrida en medio de los campos de maíz. El suelo de Iowa es uno de los más ricos de la nación. Algunos lo llaman "el oro negro". En 2007, los campos de Iowa produjeron cerca de un sexto de todo el maíz y granos de soja en los Estados Unidos.

Estos son los mismos cultivos que terminan en la cocina de Christina Dreier. Toman la forma de salchichas hechas de vacuno criado con maíz, soda endulzada con jarabe de maíz y deditos de pollo fritos en aceite de soja. También son los alimentos que reciben más apoyo del gobierno de los Estados Unidos. El 2012, se gastaron cerca de $11 mil millones de dólares para **subsidiar** y asegurar cultivos de maíz y soja. Pero solo se gastaron $1.6 millones de dólares al año para ayudar a los productores de frutas y verduras. Irónicamente, los instructivos de nutrición del propio gobierno dicen que las frutas y verduras deberían ocupar la mitad de nuestros platos.

Esas prioridades se reflejan en los mercados, donde el precio de la comida fresca aumenta continuamente. Desde principios de la década de 1980, el costo real ha aumentado en un 24%. En tanto, el costo de las bebidas gaseosas (la mayoría endulzadas con jarabe de maíz) ha bajado un 27%.

"Creamos un sistema que desea mantener los alimentos a un precio bajo, pero que hace muy poco para apoyar la comida saludable y de alta calidad", dice el experto en alimentación mundial Raj Patel. "El problema no puede solucionarse al decirle a las personas que se coman sus frutas y verduras, porque en esencia, este es un problema relacionado con el salario, con la pobreza".

Cuando las despensas de Christina Dreier empiezan a vaciarse, ella trata de persuadir a sus hijos para que se salten la hora de la merienda. "Pero a veces comen galletas saladas, porque eso obtenemos de los bancos de alimentos", dice. "No es sano para ellos, pero no voy a decirles que no coman si tienen hambre".

Los Dreier no se han rendido en su misión de tratar de comer bien. Al igual que los Reams, han cultivado verduras y maíz dulce en su patio. Pero cuando termina la temporada de jardinería, Christina debe tomar decisiones difíciles en cada viaje al supermercado o a los bancos de alimentos. En ambos lugares, las comidas saludables están fuera de su alcance.

Cuando llegan los cupones para alimentos, ella derrocha su suministro mensual en frutas y verduras. "Les encanta la fruta", dice con evidente orgullo. Pero la mayoría de sus dólares están destinados a la carne, huevos y leche que el banco de alimentos no le provee. Usando fideos y salsa de la despensa, una cena de fideos le cuesta los $3.88 dólares que usa para comprar la carne para la salsa.

Lo que sí tiene, según Christina, es una cocina con suficiente comida la mayoría del tiempo. Es en esos momentos tensos luego de que llega una cuenta donde la situación se vuelve difícil. "No pasamos hambre", dice mientras revuelve la leche en polvo para su hija. "Pero algunos días, tenemos más hambre de lo normal".

¡PIÉNSALO! |||||||||||||||||||||||||||||||||||||||||||

1. **Halla la idea principal y los detalles** ¿En qué se diferencia el hambre actual en los Estados Unidos al hambre de la Gran Depresión?

2. **Forma y apoya opiniones** ¿Qué podría hacer el gobierno para mejorar las vidas de las personas que sufren de hambre? ¿Qué pueden hacer las personas?

3. **Sintetiza** Una persona que fue entrevistada para este artículo caracteriza el hambre y la obesidad como una paradoja o "las dos caras de una misma moneda". En pocas líneas, explica a qué se refería usando detalles de la lectura.

CONTEXTO Y VOCABULARIO

paradoja s. una declaración que aparenta ser contradictoria, pero que al investigarse resulta ser verdad

préstamo de pago s. préstamo de corto plazo y alto interés, que debe ser devuelto cuando el solicitante reciba su próximo sueldo

SNAP s. acrónimo para Programa de Asistencia de Nutrición Suplementaria, un programa federal que ayuda a familias e individuos de bajos ingresos a pagar por la comida

subsidiar v. ayudar a pagar el costo de algo

toma de posesión s. el acto de recuperar algo de un comprador, quien lo ha obtenido con un crédito, pero no ha realizado pagos

ENTREGA MÓVIL DEL PRODUCTO
En la ciudad de Chicago, Illinois, una solución a la falta de acceso a productos frescos es el programa *Fresh Moves*. Este innovador programa ha tenido problemas financieros, pero muchos esperan que pueda ser reactivado.

BUSES VIEJOS, MERCADOS NUEVOS

El programa *Fresh Moves* convirtió los viejos autobuses de la ciudad en mercados de productos móviles. Los clientes abordan los autobuses estacionados y seleccionan productos frescos para sus familias.

¿QUÉ HAY PARA LA CENA?

Tienes la sensación de hambre, una nevera vacía y solo diez dólares. ¿Qué tipos de alimentos vas a comprar, comida rápida o ingredientes para una comida hecha en casa?

El tiempo suele ser el factor decisivo, no la nutrición. "Cocinar en casa requiere planificación", dice Jessica Todd, economista del USDA (Departamento de Agricultura de los Estados Unidos). De acuerdo con su investigación, las personas salían a comer con menor frecuencia durante la recesión. Un motivo probable: más tiempo en casa para cocinar. Un estudio de la Oficina de Estadísticas Laborales muestra que la diferencia de tiempo puede ser significativa: 128 minutos para ir de compras, preparar la comida y limpiar frente a los 34 minutos (incluyendo el tiempo de traslado) para obtener la bien llamada comida rápida.

$10

Menú típico de comida rápida

Hamburguesa	3.99
Papas fritas grandes	2.40
Postre helado de frutas con yogurt	1.00
Tres galletas	1.00
Refresco grande	1.49
Total	$9.88

Gastados en comida rápida

$10

Precios de los productos típicos del mercado en Washington, D.C.

Medio galón de leche	1.99
Media libra de judías verdes	1.35
Hogaza de pan de trigo	2.49
Pimiento rojo	1.19
Dos bananas	0.40
Dos trutros de pollo	1.71
Brócoli	0.80
Total	$9.93

Gastados en productos del mercado

DIARIO DEL EXPLORADOR

con **Tristram Stuart**

POR RICHARD PALLARDY

CRIADOR DE CERDOS, GUERRERO ALIMENTICIO
Desde joven, el cuidado de los cerdos de su familia le enseñó a Tristram Stuart los beneficios de usar productos descartados como alimento.

RECUPERAR DESECHOS
Como parte de su campaña contra el desperdicio de comida, Stuart apoya el "friganismo", es decir, el reclamo y uso de comida que ha sido desechada.

Aunque en muchas partes del mundo la gente lucha para encontrar algo que comer, desperdiciamos grandes cantidades de comida. El Explorador de National Geographic Tristram Stuart espera cambiar eso al demostrar cómo puede usarse la comida desperdiciada.

COMER COMO CERDO

Tristram Stuart conoce los beneficios de prestar atención a lo que otras personas botan. De joven, alimentaba a su piara de cerdos con restos de comida. "Comprar alimento para cerdos era muy costoso, así que decidí conseguir los restos gratis de la cafetería escolar", dice. Al alimentar a sus cerdos con comida destinada a los tachos de basura, ahorraba dinero y ganaba aún más. "Tenía un montón de carne de cerdo deliciosa que vendía a los padres de mis amigos", recuerda Stuart.

A Stuart le sorprendía cuánta comida utilizable se desechaba. Los países occidentales bien podrían estar desechando más de la mitad de la comida que producen. Stuart comenzó a investigar sobre desechar los alimentos. Pronto descubrió que este desecho era, a menudo, algo que se ocultaba al público. "Lo ocultan las compañías que no quieren que se sepa cuánta comida desechan, porque saben que la gente se escandalizará. Está oculto de nosotros mismos, ya que colocamos la comida en un **contenedor** y ni siquiera nos damos cuenta de cuánto es", afirma. "Al menos un tercio de los suministros de alimentos del mundo se desechan. Y en países ricos, el porcentaje es aún mayor".

35

A medida que Stuart investigaba más a fondo, descubrió que a diario se desechaban cantidades enormes de comida por ninguna razón en particular. A menudo, los agricultores botan frutas y verduras que tienen una forma extraña o que tienen abolladuras. Las tiendas a las que les venden sus productos solo quieren productos perfectos e inmaculados. Los productores deben complacer a sus clientes, por lo que no les ofrecen productos imperfectos a las tiendas.

¿Y qué tiene de malo una manzana o zanahoria con una forma extraña? Los encargados de las tiendas explican que los clientes solo están dispuestos a comprar un producto "perfecto". Las frutas y verduras "feas" se desechan. "Ello significa que todos los productos feos, que no **acatan** el estándar de perfección, se descartan", señala Stuart.

Pero la realidad es que la mayoría de las frutas y verduras que no son perfectamente simétricas, sí son aptas para el consumo. Stuart se dio cuenta de que él no era el único que podía beneficiarse al rescatar los alimentos desechados. Cuando los consumidores se dan cuenta del desperdicio que causa el solo comprar frutas y verduras perfectas, modifican su manera de comprar. Stuart ha realizado campañas en Inglaterra, su país natal, para aflojar las reglas acerca de cómo lucen los productos. El programa ha logrado resultados importantes. Según explica: "Hemos reducido el nivel de desperdicio de manera drástica en las granjas, porque hemos hecho al público consciente de la problemática, y hemos comercializado la solución de vender frutas y verduras feas, en vez de dejar que vayan a la basura. Y ahora, las frutas y verduras feas son el sector de más rápido crecimiento del mercado en el Reino Unido".

Otros países europeos han seguido este ejemplo, ahorrando toneladas de comida que podrían haber sido desechadas. De acuerdo con Stuart: "Es una situación en que todos ganamos. Ayuda a los agricultores a no desperdiciar buenos productos, y le ahorra dinero a la gente, porque las frutas y verduras feas son mucho más económicas. Ahora, estamos tratando de difundir este mismo **principio** a otras partes del mundo".

Stuart sabe que no será fácil. Los agricultores y las tiendas de alimentos no son los únicos que desperdician comida. "Será una serie de pasos a seguir", dice, comenzando con la gente, quienes deben "administrar la comida en sus cocinas un poco mejor, para reducir el desperdicio". Stuart espera que al sugerir cambios menores en la forma en que la gente se alimenta, puede incitarlos a que "se relacionen con las industrias alimentarias para sugerir cambios en la **cadena de abastecimiento**".

ALIMENTAR A LOS 5000

Una de las maneras en que Stuart ha demostrado el valor de los alimentos desechados ha sido al organizar grandes comidas para el público. Esta campaña se llama: "Alimentar a los 5000". Stuart ha realizado eventos en más de 30 ciudades de todo el mundo en donde él y su equipo sirvieron comida hecha con ingredientes de calidad que habrían sido de otra manera desechados. Los platos eran perfectamente comestibles. Stuart comenta: "Las personas vienen, comen nuestros platos y dicen: '¡Vaya! Está delicioso, ¿por qué alguien desperdiciaría esto?'". Añade que las soluciones al problema del desperdicio de alimentos "son deliciosas y nutritivas y, que generalmente, son bastante sencillas".

Stuart no ha olvidado las lecciones que aprendió de sus cerdos. Espera que la comida desechada que no pueda ser consumida por humanos pueda ser usada por los granjeros para alimentar a sus cerdos. Muchos granjeros usan los cultivos sembrados en otros países con este propósito, los que deben ser despachados al extranjero, y es costoso. Al hallar fuentes locales de alimentos desechados, los granjeros podrán ahorrar dinero y también ayudar al medioambiente. Se evitará que el alimento termine en un relleno sanitario. La contaminación causada por el despacho de cultivos a otros países también podría reducirse.

Países como Japón y Corea del Sur ya están alimentando a sus cerdos con los restos del alimento de los humanos. Incluso hay granjas en las afueras de Las Vegas en donde alimentan a sus cerdos con restos de comida provenientes de los restaurantes de la misma ciudad. Stuart ha puesto a prueba esta idea en Inglaterra, en uno de sus eventos de "Alimentar a los 5000".

"Criamos a muchos cerdos en Londres a base de restos de comida y alimentamos a 5000 personas con la carne de esos cerdos", informa. "Solo nos tomó una mañana localizar todas las fuentes de desechos de alimentos que podíamos usar para alimentar a los cerdos, a pesar de que la ley es bastante estricta en cuanto a lo que puedes y no puedes utilizar. Y la carne de cerdo que produjimos estaba absolutamente deliciosa. Como dije antes, alimentamos a más de 5000 personas".

Stuart también está tratando de hallar maneras de usar las frutas y verduras que nunca fueron cosechadas. A veces, los agricultores cosechan mucho más cultivo del que logran vender, o no pueden venderlo por la apariencia que tiene. Así que, comida perfectamente buena queda en los campos hasta pudrirse. Stuart ha reunido grupos de personas que se adentran en los campos y recogen esa comida extra.

¿ALGUIEN DESEA CURRY?
En 2012, Stuart invitó a 5000 personas a un evento en París, Francia. Ese día, él y su equipo sirvieron un curry gigante hecho con zanahorias torcidas y otras "verduras feas" a comensales hambrientos.

Esta práctica se conoce como **espigueo**. La comida se utiliza para alimentar a personas que lo necesiten.

UNA BANANA, NO SIETE

El desperdicio de alimentos no solo es un problema en los países ricos. Incluso en lugares en donde las personas tienen dificultades para comer se desperdicia la comida. A menudo esos países producen el alimento que se sirve en occidente. Al conversar con las grandes compañías que compran el alimento, Stuart puede diseñar formas más simples para utilizar esa comida.

Por ejemplo, si las bananas cosechadas en Ecuador se venden en racimos, algunas de ellas de seguro se pudrirán. Es más probable que las bananas por unidad se consuman de inmediato, reduciendo el desperdicio. Este pequeño cambio ayuda al medioambiente, a los agricultores de Ecuador y a las compañías que venden las bananas. Si son capaces de vender todas las unidades antes de que se echen a perder, ahorrarán dinero. "Si estás en tu hora de colación y quieres solo una banana, querrás comprar una banana; no quieres comprar siete", dice Stuart. Sugerencias sencillas como esta hacen mucho más fácil el diálogo con las grandes compañías que venden estos productos.

Stuart también apunta a encargarse de los restos de comida de los Estados Unidos. Argumenta que los estadounidenses "tienen el doble de comida de la que necesitan para alimentar a la población en los restaurantes y tiendas". Cree que los modelos que ha creado serán atractivos para quienes quieran realizar cambios. Puesto que los Estados Unidos desechan más comida que cualquier otro país, el impacto de ahorrar, aunque sea un poco, será grande.

¡PIÉNSALO! ||||||||||||||||||||||||||||||||||||||||||||

1. **Analiza las causas y los efectos** ¿De qué manera el desperdiciar comida afecta a la gente y al medio ambiente?

2. **Forma y apoya opiniones** ¿Comerías frutas y verduras "feas"? ¿Por qué sí o por qué no?

CONTEXTO Y VOCABULARIO

acatar *v.* seguir reglas o leyes

cadena de abastecimiento *s.* serie de personas, compañías y procedimientos requeridos para producir algo

contenedor *s.* tarro de basura

espigueo *s.* acción de recolectar restos de fruta, verduras y granos

principio *s.* regla o guía para hacer algo

La evolución de la dieta

POR ANN GIBBONS

Adaptado de "La evolución de la dieta", por Ann Gibbons, en *National Geographic*, septiembre de 2014

UN BARRIO ACUOSO
Alpaida, una joven bajau, se cubre el rostro con un polvo refrescante hecho de arroz y hojas de pandan antes de irse remando a visitar a unos amigos que viven en palafitos. La comunidad bajau de Malasia pesca y bucea para conseguir casi todo lo que comen.

Ann Gibbons se especializa en escribir sobre la evolución. En este artículo, rastrea las investigaciones más recientes sobre las dietas de los últimos cazadores-recolectores, que rara vez sufren de enfermedades del corazón o diabetes. ¿Pueden sus dietas, o versiones de ellas, funcionar para todos?

ESPERANZA PARA LA CAZA

Es hora de cenar en la región amazónica baja de Bolivia, y Ana Cuata Maito está en su choza revolviendo una crema de plátanos y **yuca** dulce sobre el fuego. Escucha por si su esposo Deonicio Nate regresa de la cacería. Me dice que espera que traiga carne esta noche. "Los niños se entristecen cuando no hay carne", dice Maito.

Nate salió antes del amanecer para empezar temprano su largo sendero por el bosque. Ahí, silenciosamente revisa el follaje en busca de monos o **coatíes**. Si tiene suerte, Nate podría encontrarse con el mayor premio de todos: un **tapir**.

Sin embargo, esta noche Nate regresa con las manos vacías. No es una buena época del año para la antigua tribu india tsimane, de Anachere, una aldea de aproximadamente 90 personas. Es la temporada lluviosa, cuando la caza y la pesca son más difíciles. El pueblo mercantil más cercano está a dos días de distancia en canoa motorizada, así que los tsimane consiguen la mayoría de sus alimentos del bosque, los ríos o sus propios huertos.

Estoy viajando con Asher Rosinger y William Leonard de la Universidad Northwestern. Ellos están estudiando a los tsimane para aprender más sobre la dieta de la selva tropical. Quieren saber cómo cambia la salud de los indígenas cuando comienzan a consumir alimentos tales como azúcar, aceite y sardinas enlatadas. Lo que Rosinger y Leonard aprendan sobre la dieta de los tsimane podría decirnos mucho sobre lo que deberíamos comer.

Vamos a visitar a un viejo aldeano llamado José, quien vive con su hijo Felipe. José nos lleva por un sendero frondoso, lleno de árboles de papaya, pomelo y mango. "La familia de José tiene más fruta que cualquier otra", dice Rosinger.

Aun así, la esposa de Felipe, Catalina, está preparando el mismo plato que todos los demás. Le pregunto a Felipe si el huerto los alimenta cuando hay escasez de carne. "No es suficiente como para vivir", me explica. "Necesito cazar y pescar. Mi cuerpo no quiere comer solamente estas plantas".

LA DIETA PALEO

Antes de la agricultura, toda la comida provenía de la caza, la recolección y la pesca. A medida que la agricultura emergía, los cazadores-recolectores fueron expulsados de los mejores terrenos agrícolas. Hoy en día, solo algunas tribus en lugares remotos sobreviven cazando y recolectando.

Los estudios de las tribus modernas de cazadores-recolectores muestran que sus miembros rara vez desarrollan alguna enfermedad al corazón. Algunos creen que se debe mayoritariamente a su dieta, una idea que ha inspirado a varios a seguir la llamada dieta del hombre de las cavernas, dieta paleo o dieta de la Edad de Piedra. Los defensores de estas dietas creen que los humanos modernos evolucionaron para comer en la forma en que lo hacían los cazadores-recolectores durante el **Paleolítico**. Creen que nuestros genes aún no han tenido tiempo suficiente para adaptarse a los alimentos cultivados.

La dieta paleo "es la única que se adapta idealmente a nuestra composición genética", escribe el nutricionista evolutivo Loren Cordain. Él ha estudiado las dietas de los cazadores-recolectores vivos, y concluyó que deberíamos comer bastante carne y pescado magro, pero ningún producto lácteo, legumbres o granos de cereal. Cordain argumenta que esta dieta ayuda a reducir enfermedades tales como la presión arterial alta y la diabetes.

Eso suena genial pero, ¿es verdad que todos evolucionamos para comer, mayoritariamente, carne? Algunos argumentan que no es tan simple.

Observa los tipos de comidas que se comen alrededor del mundo en la actualidad, incluyendo granos, pescado, frutas, verduras, carnes y productos lácteos.

Arroz con mantequilla, Afganistán

Ensalada de algas guisadas, Malasia

Guiso de verduras, Grecia

Sardinas y habas, Grecia

Se piensa que comer carne fue crucial para la evolución del cerebro de nuestros antepasados, cerca de dos millones de años atrás. Digerir una dieta rica en alimentos hipercalóricos permitió que los humanos tuvieran estómagos más pequeños y así dejaran más energía disponible para el desarrollo cerebral.

La agricultura trajo cambios dramáticos a la dieta humana, empezando hace 10,000 años atrás. La domesticación de granos como el trigo, maíz y arroz, crearon un suministro de alimento estable e impulsaron el aumento de la población. En poco tiempo, los agricultores superaron en número a los cazadores-recolectores. Los beneficios de un suministro confiable de alimento son obvios, pero la agricultura puede no ser un paso claro hacia la salud de la humanidad.

Cuando Clark Spencer Larsen, de la Universidad Estatal de Ohio describe el amanecer de la agricultura, es una imagen sombría. A medida que los agricultores se volvían dependientes de sus cultivos, sus dietas se volvían menos diversas. Comer el mismo grano todos los días causó enfermedades dentales, las que rara vez se hallaban entre los cazadores-recolectores. El ganado les proveía leche y carne, pero también trajo nuevas enfermedades.

MUJER, LA RECOLECTORA

A dieta paleolítica real, sin embargo, no contenía solo carne. Sabemos esto al estudiar a los cazadores-recolectores de hoy. Las cazas animales, en su mayoría, no tienen éxito. Usando arcos y flechas, los hadza de Tanzania fallan más de la mitad de las veces. Durante el año, los cazadores-recolectores obtienen el 30 por ciento de sus calorías de los animales. Así que fue más que solo carne lo que estimuló el crecimiento cerebral.

Así que, ¿de dónde consiguen la energía los cazadores-recolectores cuando no hay carne? Resulta que "el hombre cazador" es apoyado por "la mujer recolectora". Con la ayuda de sus hijos, las mujeres llenan ese vacío. Dependiendo de lo que esté disponible donde vivan, ellas recolectan plantas, tubérculos y nueces para preparar comidas alternativas.

"Ha habido una historia consistente que cuenta que la caza nos define y que la carne nos hizo humanos", dice Amanda Henry, una científica del Instituto Max Planck para la Antropología Evolutiva, en Leipzig, Alemania. "Francamente, creo que le falta la mitad de la historia. Ellos quieren carne, por supuesto. Pero viven de las plantas".

Tampoco es cierta la noción de que los humanos dejaron de evolucionar en el Paleolítico. Nuestros dientes, mandíbulas y rostros se han hecho más pequeños, y continuamos cambiando y adaptándonos, según los alimentos disponibles en nuestro lugar de residencia. Por ejemplo, las poblaciones que solían comer alimentos amiláceos, como los hadza, tienen más copias de un determinado gen que les ayuda a extraer los azúcares de las comidas mientras las mastican. Los yakut de Siberia, que consumen carne, tienen menos copias de este gen. Esto sugiere un giro en el dicho: "Eres lo que comes". Es más acertado decir: Eres lo que tus ancestros comieron.

Los humanos prosperan gracias a una gran variedad de alimentos, dependiendo de los genes que hayan heredado. Pero, ¿qué sucede cuando las circunstancias cambian? Estudios realizados en grupos indígenas muestran que les va muy mal cuando abandonan sus dietas tradicionales y estilos de vida activos. Los **nómadas** siberianos como los yakut comían dietas ricas en carne, pero aun así, no presentaban enfermedades al corazón. Su actividad en la cacería tradicional y su adaptación ancestral a comer mucha carne los mantenía saludables. Hoy en día, alrededor de la mitad de los yakut que se han mudado a las ciudades y se alimentan de los mercados están con sobrepeso.

Sin embargo, muchos de nosotros descendemos de pueblos que se adaptaron a dietas basadas en el consumo de plantas. Nos sentiríamos mucho mejor si no comiéramos tanta carne como los yakut, especialmente si no ejercitamos mucho. Estudios recientes confirman que el alto consumo de carnes rojas, como la carne de vacuno, aumenta las

Cangrejo hervido, Malasia

Hojas de geranio fritas, Grecia

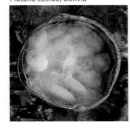
Plátano cocido, Bolivia

Pescado frito de arrecife coralino, Malasia

Chapati y mantequilla de yak, Pakistán

JÓVENES CAZADORES
Los cazadores hadza en el valle de Yaeda, en Tanzania, cazan presas para la cena de sus familias. En los últimos 50 años, sus tierras ancestrales se han visto reducidas debido a la invasión de agricultores y pastores ganaderos.

LA PRÓXIMA REVOLUCIÓN VERDE

POR TIM FOLGER

Adaptado de "La próxima Revolución Verde", por Tim Folger, en *National Geographic*, octubre de 2014

LOS CULTIVOS DEL FUTURO
Estas plántulas de mandioca están siendo cultivadas y probadas en un laboratorio austríaco. Allí, los científicos usan técnicas de mutación y biotecnologías para desarrollar mejores variedades de los principales y menos utilizados alimentos y cultivos industriales.

Durante la mayor parte del siglo XX, la humanidad logró mantenerse a la vanguardia en la carrera entre el crecimiento demográfico y el suministro de alimentos. ¿Seremos capaces de mantener esa ventaja en el siglo XXI? En este artículo, el escritor de ciencias Tim Folger explora cómo ello podría suceder.

UNA COSECHA PERFECTA EN PELIGRO

"Tal vez sea demasiada agua", dice Ramadhani Juma, "o demasiado sol". Algo está matando su cosecha de **mandioca**. Juma trabaja en un pequeño terreno cerca de la ciudad de Bagamoyo, en la costa de Tanzania. Está hablando con Mark Deogratius, un técnico agrícola de la gran ciudad. Mark le dice a Juma que no es ni el sol ni la lluvia. Que los reales verdugos de la mandioca son demasiado pequeños como para verlos: es un virus.

Mark rompe algunas hojas mojadas. Salen volando unas moscas blancas. Las moscas son del tamaño de la cabeza de un alfiler, vuelan y transmiten dos tipos de virus, explica Mark. El primero causa estragos en las hojas de la mandioca. El segundo, llamado virus del estriado marrón, destruye la raíz almidonada y comestible; una catástrofe que por lo general no se descubre hasta el momento de la cosecha.

Juma escucha con atención. Como la mayoría de los agricultores que Mark conoce, él nunca ha oído hablar de las enfermedades virales. Luego comienza a excavar. Al descubrir una raíz de mandioca, la abre. Su carne blanca contiene vetas de color marrón y el almidón está en estado de descomposición. Juma suspira. Para salvar algo de la cosecha y mantener a su familia tendrá que cosechar un mes antes. Le pregunto qué tan importante es la mandioca para él.

"La mandioca es todo", responde.

En África, las pequeñas granjas familiares producen más del 90 por ciento de todas las cosechas. La mandioca es un alimento básico para más de 250 millones de personas. Crece incluso en suelos pobres y tolera la sequía. Sería el cultivo perfecto para el África del siglo XXI, si no fuera por la mosca blanca. A medida que el clima se hace más caluroso, las moscas blancas se extienden más allá de su rango normal, invadiendo nuevos territorios.

¿Qué se puede hacer para ayudar a los agricultores de la mandioca en África? La respuesta a esta pregunta no es fácil. El cambio climático y el crecimiento de la población harán que la vida sea cada vez más precaria para los pequeños agricultores en el mundo en desarrollo. Las Naciones Unidas predicen que la población mundial aumentará en más de dos mil millones de personas para el año 2050. La mayor parte de ese crecimiento será en la región de África subsahariana y en el sur de Asia. Estas son las regiones en donde se espera que los efectos del cambio climático (sequía, olas de calor, clima extremo) golpeen con más fuerza. El Grupo Intergubernamental de Expertos sobre el Cambio Climático ha advertido que el suministro mundial de alimentos ya se ve amenazado. La tasa de crecimiento de la cosecha, especialmente para el arroz, el trigo y el maíz, ha disminuido o se ha detenido por completo.

EVITAR EL DESASTRE, DE NUEVO

Hace medio siglo, el desastre amenazaba tan ominosamente como hoy. El éxito de ventas de 1968, *La bomba demográfica*, escrito por Paul Ehrlich, predijo que la hambruna aniquilaría a cientos de millones en las décadas de 1970 y 1980.

Aquello no sucedió, ya que la Revolución Verde transformó la agricultura mundial. Se desarrollaron variedades de trigo y arroz, que dramáticamente aumentaron sus rendimientos promedios por acre. Desde la década de 1960 hasta la década de 1990, las producciones de estos granos en Asia se duplicaron. A pesar de que la población del continente aumentó, una persona promedio en Asia consumió casi un tercio más de calorías por día. La tasa de pobreza disminuyó a la mitad.

Para mantenernos a la vanguardia, necesitaremos otra Revolución Verde. La alta tecnología es una visión de cómo esto ocurrirá. "La próxima Revolución Verde potenciará las herramientas de la antigua", dice Robert Fraley de **Monsanto**. Según comenta, hoy en día los científicos pueden modificar los genes de una planta para que tolere mejor la sequía y sea resistente a las enfermedades.

La presentación de Monsanto de cultivos modificados genéticamente (MG) en la década de 1990 ha traído tanto éxito como controversia. Estos

SIN RIEGO
Estas plantas de soja se están desarrollando para ser resistentes a la sequía en un invernadero de Monsanto en Missouri.

cultivos se han sembrado en el 11 por ciento de los terrenos **cultivables** del mundo. Esto incluye la mitad de las tierras de cultivo en los Estados Unidos. Durante casi dos décadas, los estadounidenses han estado consumiendo cultivos MG. Pero en Europa y África, la seguridad y las preocupaciones ambientales sobre los cultivos MG han bloqueado en gran medida su uso.

Fraley señala que los cultivos MG han impedido miles de millones de dólares en pérdidas en los Estados Unidos y que han beneficiado el medioambiente. El uso de pesticidas en el maíz se ha reducido en un 90 por ciento desde la introducción de un maíz MG que repele las plagas de insectos.

Los cultivos MG que Fraley introdujo en Monsanto han sido muy rentables. Las semillas de Monsanto son genéticamente modificadas para ser inmunes a un herbicida particular que Monsanto también fabrica, por lo que los agricultores pueden eliminar las malezas sin dañar sus cultivos modificados genéticamente.

No hay evidencia clara que indique que los cultivos modificados no sean seguros. Sin embargo, los críticos de Monsanto ven esas costosas semillas MG como parte de un sistema que ha sido dañado. La agricultura moderna, dicen, ya depende demasiado de los fertilizantes sintéticos y pesticidas. Estos no

solo son inaccesibles para un pequeño agricultor como Juma, sino que son muy nocivos para el medioambiente que sustenta esos cultivos.

"La elección es clara", dice Hans Herren, director de Biovision, una organización suiza **sin fines de lucro**. "Necesitamos un sistema de cultivo que sea mucho más consciente del paisaje y los recursos ecológicos. Tenemos que cambiar el **paradigma** de la Revolución Verde. "El modelo de la agricultura con grandes aditivos, que requiere fertilizantes, pesticidas y mucha agua, no es la mejor vía hacia el futuro. Hay formas para repeler las plagas y aumentar la producción, opina Herren, que funcionan mejor para los agricultores como Juma.

EL ARROZ AL RESCATE

Monsanto no es la única organización que cree que la genética de las plantas modernas puede ayudar a alimentar al mundo. Glenn Gregorio de la organización sin fines de lucro Instituto Internacional de Investigación sobre el Arroz (IRRI, por sus siglas en inglés) me ha llevado a Los Baños, un pueblo en las Filipinas, para mostrarme el arroz que inició la revolución verde en Asia. "Este es el arroz del milagro: IR8", dice Gregorio, mientras nos detenemos al lado de un terreno esmeralda de

ARROZ DE MAR
Estas plantas de arroz, sumergidas en agua salada (lo que destruiría a una planta normal), se están desarrollando en las Filipinas para soportar el estar bajo el agua.

plantas de arroz que llegan hasta el muslo. Dos años después de su fundación en 1960, un científico del IRRI llamado Peter Jennings dio inicio a una serie de experimentos de hibridación. Tenía 10,000 variedades de semillas de arroz para trabajar. Su octava cruza dio lugar a una cepa de crecimiento inusualmente rápido y de alto rendimiento. Más tarde llegó a conocerse como India Rice 8, o IR8, ya que ayudó a evitar la hambruna en ese país. Mientras caminamos por los arrozales, observamos otras variedades interesantes. Alrededor de un millar de variedades se han plantado en todo el mundo desde 1960, mejorando constantemente las producciones promedio.

Durante muchas décadas, el IRRI se centró en mejorar las variedades tradicionales de arroz. Últimamente ha desplazado su atención a hacer frente al cambio climático. Ahora ofrece variedades tolerantes a la sequía, así como un arroz tolerante a la sal para países como Bangladesh, donde el aumento de los mares está envenenando los campos de arroz.

Solo algunas de las variedades de arroz del IRRI son cultivos genéticamente modificados, en el sentido de que contienen un gen transferido de una especie diferente. Ninguna está disponible para el público todavía. De acuerdo al director Robert Zeigler, el IRRI crea variedades MG solo como último recurso, cuando no se puede encontrar el rasgo deseado en el arroz en sí. Uno de ellos es el Arroz Dorado, que contiene genes de maíz, lo que le permite convertirse en una fuente de vitamina A.

La genética moderna ha ayudado a los experimentos de hibridación del instituto. Durante décadas, quienes cultivaron en el IRRI siguieron pacientemente el método antiguo. Seleccionaban dos plantas con el rasgo deseado, las cruzaban, esperaban que la descendencia alcanzara la madurez y elegían a aquellas cepas con el mejor desempeño. Luego repetían el proceso. Pero ya que todo el **genoma** del arroz fue esquematizado el 2004, los investigadores pueden identificar y seleccionar los genes que desean.

En 2006, por ejemplo, los científicos aislaron un gen llamado Sub1 que permite que el arroz sobreviva durante dos semanas bajo el agua. Normalmente, el arroz muere después de estar tres días bajo el agua. Los investigadores del IRRI polinizaron y cruzaron arroz Sub1 con una variedad de gran sabor y alto rendimiento. Luego examinaron el ADN para determinar qué plántulas habían heredado el gen Sub1. No tuvieron necesidad de cultivar las plantas y luego sumergirlas durante dos semanas para ver si sobrevivirían.

Hoy en día, millones de agricultores asiáticos cultivan el arroz resistente a las inundaciones. Un estudio reciente encontró que los agricultores en el estado indio de Odisha aumentaron sus producciones en más del 25 por ciento. Los agricultores más pobres aprovecharon ese mayor beneficio.

Otro proyecto del IRRI podría fundamentalmente transformar la producción de arroz. El arroz, el trigo y otras plantas utilizan un tipo de fotosíntesis conocido como C3, por el compuesto de tres carbonos que producen cuando absorben la luz solar. El maíz, la caña de azúcar y otras plantas usan la fotosíntesis C4. Tales cultivos requieren mucho menos agua y nitrógeno que los cultivos C3, "y por lo general tienen un 50 por ciento de mayor producción", dice William Paul Quick del IRRI. Su plan es convertir el arroz en un cultivo C4 mediante la manipulación de su composición genética. El proyecto tomará por lo menos 15 años en materializarse, pero si tiene éxito, las mismas técnicas podrían ser utilizadas con el trigo y otras plantas C3. Este nuevo enfoque podría aumentar potencialmente la producción alimenticia en un 50 por ciento.

La posibilidad de aumentar la producción de alimentos de manera tan dramática apasiona a Zeigler. Él cree que el debate público sobre los cultivos modificados genéticamente es terriblemente engañoso. "Cuando yo comencé en la década de 1960, muchos de nosotros nos lanzamos a la ingeniería genética porque pensamos que podríamos hacer un gran bien a la humanidad", dice.

"Realmente, nos sentimos un poco traicionados por el movimiento ecologista", agrega. "Si quieres tener una conversación sobre si las grandes corporaciones merecen estar presentes en nuestro suministro alimenticio, sí, hablemos de ello, porque es realmente importante. Pero no es lo mismo que discutir si debemos utilizar las herramientas de la

UNA PLÁNTULA A LA VEZ

Una biotecnóloga inspecciona las plántulas de mandioca en los Laboratorios de Seibersdorf, en Austria.

genética para mejorar nuestros cultivos. Ambos puntos son importantes, pero no los confundamos".

ALIMENTAR A NUESTRA NACIÓN

¿Qué concepción de la agricultura es la adecuada para los agricultores en África subsahariana? Hoy, dice Nigel Taylor, genetista de Missouri, el virus del estriado marrón podría causar una hambruna de la mandioca. "Se ha convertido en una epidemia en los últimos cinco a diez años, y está empeorando", expresa Taylor.

Taylor y otros están trabajando para producir una variedad de mandioca MG resistente al virus del estriado marrón. Desafortunadamente, los habitantes de África, como en otros lugares, temen a los cultivos transgénicos, a pesar de que existe muy poca evidencia científica para justificar su miedo. Solo cuatro países africanos permiten la siembra comercial de los cultivos transgénicos.

En Tanzania no existen cultivos transgénicos aún. En lugar de ello, algunos agricultores están aprendiendo a usar métodos de baja tecnología para repeler a las plagas. Tanzania tiene ahora el cuarto mayor número de agricultores orgánicos certificados en el mundo, y ello se debe en parte a una mujer llamada Janet Maro. En 2009, cuando aún estaba en la universidad, Maro ayudó a iniciar una organización sin fines de lucro llamada Agricultura Sustentable de Tanzania (SAT por sus siglas en inglés). Desde entonces, SAT ha capacitado a los agricultores locales en las prácticas orgánicas. SAT ahora recibe el apoyo de Biovision, la organización suiza.

Maro me lleva a las montañas para visitar a algunos agricultores orgánicos. Se detiene en una casa de ladrillo de un ambiente con las paredes parcialmente enyesadas. Habija Kibwana invita a dos vecinos y a nosotros a sentarnos en el porche. A diferencia de los agricultores como Juma en Bagamoyo, Kibwana y sus vecinos cultivan una gran variedad de productos. Ahora es la temporada de plátanos y aguacates. Pronto van a plantar zanahorias, espinacas y otras verduras de hoja verde, para los mercados locales. La mezcla proporciona

un respaldo en caso de que una cosecha se pierda. Aquí los agricultores están aprendiendo a usar abono en lugar de fertilizantes sintéticos. Un agricultor ha mejorado su suelo lo suficiente como para duplicar su producción de espinacas.

Tal vez el mayor beneficio de la agricultura orgánica ha sido el estar libres de deudas porque no tienen que comprar fertilizantes. Además, las granjas son más productivas. "La mayoría de los alimentos en nuestros mercados provienen de los pequeños agricultores", señala Maro. "Ellos alimentan a nuestra nación". Maro no piensa que las semillas genéticamente modificadas podrían ayudar a los agricultores. "No es realista", explica. ¿Cómo podrían costear esas semillas? ¿Qué tan probable es, pregunta, que ellos consigan el apoyo que necesitan para cultivar las semillas genéticamente modificadas correctamente?

Parece que ese es el problema central. En este momento, personas como Juma necesitan obtener conocimiento de organizaciones tales como SAT e IRRI. No es cosa de elegir entre baja y alta tecnología. Después de todo, hay más de una forma de frenar a la mosca blanca.

¡PIÉNSALO! |||||||||||||||||||||||||||||||||||||||||||||||||

1. **Haz inferencias** Robert Zeigler dice que él y otros se sienten "un poco traicionados por el movimiento ecologista". ¿Qué crees que quiere decir con eso?

2. **Haz y responde preguntas** ¿Qué preguntas te gustaría hacerle a Janet Maro de Agricultura Sustentable de Tanzania (SAT) sobre su trabajo? ¿Cómo crees que las respondería?

3. **Secuencia de sucesos** Haz una lista de los principales acontecimientos en la transformación de la agricultura mundial, comenzando con la Revolución Verde de la década de 1960 hasta el desarrollo de las tecnologías actuales.

CONTEXTO Y VOCABULARIO

cultivable *adj.* apto para cultivar y cosechar

genoma *s.* set completo de todos los genes que contiene un organismo

mandioca *s.* planta tropical con raíces gruesas, a menudo se utiliza como alimento básico

Monsanto *s.* corporación pionera en modificar genéticamente una célula vegetal

paradigma *s.* modelo o ejemplo de cómo se debería hacer algo

sin fines de lucro *adj.* sin el propósito de ganar dinero; por lo general se describe así a organizaciones dedicadas a la caridad o al bien social

NATIONAL GEOGRAPHIC

DIARIO DEL EXPLORADOR
con Caleb Harper

POR SIMON WORRALL

Adaptado de "Caleb Harper: Agrónomo urbano",
por Simon Worrall, nationalgeographic.com

EXPLORADOR DE NATIONAL GEOGRAPHIC
Caleb Harper es un investigador científico en el Instituto de Tecnología de Massachusetts (MIT, por sus siglas en inglés), donde trabaja como director de la iniciativa *Open Agriculture* (OpenAG) (Agricultura Abierta), en el laboratorio de medios del MIT. Para Harper, el futuro de la agricultura yace en las granjas urbanas, en donde las plantas serán cultivadas en ambientes controlados, cercanos a los consumidores. En esta entrevista de National Geographic, Harper explica por qué el modelo agrónomo de hoy es imperfecto, y cómo luciría un sistema operativo para las granjas del futuro.

National Geographic: Tu interés en el futuro de los alimentos se originó a raíz del tsunami japonés de 2011. ¿Cuál es la conexión?

Caleb Harper: Fui a Japón con un grupo de compañeros del laboratorio, quienes estaban interesados en ayudar de alguna manera. Cuando llegué, el titular del periódico decía: "La agricultura japonesa no tiene agua, juventud, tierra o futuro". Mi familia está en el negocio de los alimentos y además producen cultivos y ganado en Texas y Kansas. La agricultura es parte de mi vida. Más adelante, me convertí en arquitecto e ingeniero, diseñaba hospitales y centros de datos. Lo que ocurrió en Japón realmente me afectó. Me hizo pensar: ¿Cómo puedo combinar mis habilidades para hacer la diferencia? Me di cuenta de que lo que realmente se necesitaba era un centro para la comida, uno que no estuviera expuesto al entorno natural.

LECHUGAS DE LABORATORIO
Caleb Harper nos muestra lechugas en su laboratorio en MIT. Uno de los métodos de cultivo que emplea es la aeroponía; una forma de cultivar plantas en que las raíces de dichas plantas están suspendidas en el aire mientras reciben nutrientes en forma de un fino rocío.

NG: ¿Por qué el modelo agrícola actual es defectuoso?

Caleb Harper: El modelo actual no está adaptado para las ciudades. En cierto modo, hemos creado un modelo bastante increíble. Hemos obtenido todo a nivel global. Pero creo que estamos empezando a ver los efectos de ese modelo global tan monolítico, y cómo falla a nivel local. No estoy tratando de reemplazar el sistema, sino que cambiarlo estratégicamente, trayendo una herramienta diferente a la agricultura y la producción de alimentos que se enfoque más en la manera en que vive la gente hoy en día, que es en las ciudades.

NG: Uno de los métodos de cultivo que usas es la aeroponía. ¿Puedes describir esa tecnología?

Caleb Harper: La aeroponía es un método altamente especializado de irrigación, desarrollado en primer lugar por la NASA, para la estación espacial Mir,

con el fin de reducir la carga de agua en el espacio. Piénsalo como un continuo. Por un lado, tienes un campo sin regar con un agricultor que reza para que llueva. Al lado opuesto del espectro, tienes la aeroponía, que es casi como crear un clima dentro de una caja. La aeroponía es una tecnología avanzada que aún está en su fase de prototipo. Pero los resultados preliminares muestran que, con la aeroponía, somos capaces de producir muchos tipos diferentes de cultivos hasta cuatro o cinco veces más rápido que de forma convencional.

NG: Tu visión del futuro requeriría tener "granjas verticales, de muchos pisos de alto". Eso suena a ciencia ficción. Ilústranos un poco.

Caleb Harper: Creo que tendremos un par de versiones. Una podría ser un ambiente de producción altamente intenso, muy parecido a un centro de datos de plantas. La producción de alimentos será monitoreada, libre de pesticidas y químicos, y predecible los 365 días del año. También imaginamos que las cafeterías corporativas y escolares cultivarán su propio alimento. En el nivel más bajo hay un proyecto nuevo que he lanzado y que se relaciona con la informática personal de alimentos. Trata sobre cultivar alimentos en nuestros hogares. Una de las cosas más emocionantes es que la nueva tecnología nos dará herramientas para experimentar con sabores que nunca hemos probado. Cuando creas un clima, creas sabores. Una lechuga puede ser dulce, picante o amarga. Muchos chefs alrededor del mundo se han mostrado interesados en esto. Para ellos, es emocionante comprender que el sabor comienza en la semilla, y que tú puedes cambiar y crear sabores.

NG: ¿Qué otras ventajas tienen las granjas urbanas sobre las tradicionales?

Caleb Harper: Las granjas urbanas están en la azotea del mercado. Pueden vender sus productos mucho más frescos y más baratos que una granja tradicional. La capacidad de una granja urbana de producir los 365 días del año, en vez de depender de la temporada de cultivo, también le da una tremenda ventaja.

NG: ¿Qué te inspira en tu trabajo?

Caleb Harper: Mi pasión viene de querer combinar las cosas que amo en la vida —la informática, la arquitectura y la ingeniería— con mi deseo innato de cultivar cosas. En este momento, tengo alrededor de 2000 plantas. A través de un sensor que monitorea la humedad, mis plantas me pueden tuitear. ¿Puedes creer eso? Y cuando estoy de viaje, puedo incluso conectarme en línea con ellas. Qué maravilla.

EL DILEMA DEL
CARNÍVORO

POR ROBERT KUNZIG

Adaptado de "El dilema del carnívoro", por Robert Kunzig, en *National Geographic*, noviembre de 2014

EL LLAMADO DEL GANADO
Los corrales ganaderos en Corral Wrangler en Tulia, Texas, pueden albergar cerca de 50,000 cabezas de ganado a la vez. Allí, el ganado es alimentado con grano durante cuatro a seis meses antes de ir al matadero.

ROBERT KUNZIG es un galardonado periodista de las ciencias y un experimentado editor del medioambiente para National Geographic. También es un consumidor de carne con una gran curiosidad por saber si esa es la mejor manera de vivir. Para hallar la respuesta, se dirige al origen.

UN FIERO DEBATE

En las horas aún oscuras de la mañana en el Corral Wrangler en Texas, 20,000 toneladas de carne ya se han despertado. Los trabajadores han estado en pie por horas. Los camiones retumban por los callejones, vertiendo maíz procesado a lo largo de nueve millas de comederos de concreto. Grandes cabezas se asoman a través de la valla y se sumergen en los recipientes. Para la mayoría de las 43,000 cabezas de ganado aquí, este será solo otro día para engordar. Pero algunos cientos de ellas se embarcarán en su viaje final. Wrangler es un corral de engorda, un lugar donde el ganado se alimenta y se cuida hasta que está lo suficientemente grande como para convertirse en alimento.

La carne, sobre todo el vacuno, se ha convertido en el centro de un intenso debate. Consideremos dos puntos de vista contrapuestos: 1) La carne es un asesinato. Por el bien de los animales, de nuestra salud y del medioambiente, debemos comer menos carne. 2) La carne es deliciosa y nutritiva. La demanda mundial está aumentando, por lo que debemos encontrar maneras de producir más.

Los críticos de la producción de carne dicen que está calentando el clima, desperdiciando los terrenos que podrían alimentar a la gente y contaminando el agua; todo esto mientras se somete a millones de cabezas de ganado a una vida desgraciada y a la muerte. La mayoría de nosotros, sin embargo, tenemos poca idea sobre cómo se produce la carne de vacuno. Para aprender, pasé una semana en el Corral Wrangler. Buscaba la respuesta a una pregunta fundamental: ¿Está bien comer carne de vacuno?

Me reuní con Paul Defoor de Cactus Feeders, la compañía que opera el Corral Wrangler. Defoor y yo vimos cómo los vaqueros a caballo guiaban a 17 especímenes de la manada (más de 10 toneladas) hacia el nivel superior de un camión de dos pisos. Luego, otras diez toneladas llenaron la cubierta inferior. El conductor cerró la puerta, subió a la cabina y se marchó.

"Si cree que una buena comida lleva un tercio de libra de carne de vacuno sin grasa", dijo Defoor, "piense que uno de esos animales que vio subir al camión producirá 1,800 comidas. Es increíble".

ASCENSO Y CAÍDA DE LA CARNE DE RES

En 1960, el ganadero Paul Engler llegó a esta región de Texas para comprar ganado y vio que era el lugar perfecto para los corrales de engorda. El lugar gozaba de un ambiente cálido y seco y producía mucho grano. Engler fue co-fundador de Cactus Feeders en 1975 y la convirtió en la mayor compañía de engorda de ganado del mundo. Su meta era hacer que la carne de vacuno fuera más asequible. "Mi padre no conocía a nadie a quien no le gustara el sabor de la carne de vacuno", dice Mike Engler, el actual Director Ejecutivo (CEO). "Pero sabía que la gente no la podía costear".

Desde el principio, la empresa enfrentó desafíos. En 1976, el consumo de carne de vacuno alcanzó su punto máximo en los Estados Unidos a 91.5 libras al año por persona. Desde entonces ha disminuido en un 40 por ciento, alrededor de 54 libras. Por el contrario, el consumo de pollo se ha duplicado. El pollo es más barato y supuestamente más saludable. Cada año, 8 mil millones de pollos son sacrificados en los Estados Unidos, en comparación con 33 millones de bovinos.

VAQUEROS ESPECIALISTAS EN TERNEROS
Estos vaqueros se preparan para marcar y vacunar a un ternero de tan solo un mes de edad en el rancho JA, cerca de Amarillo, Texas. Los terneros de este rancho pasan más de la mitad de su vida pastando, a menudo en terrenos que no pueden usarse para el cultivo.

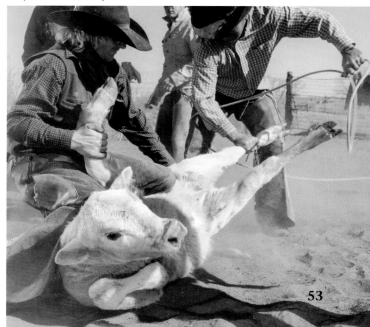

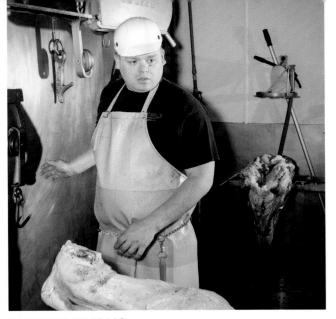

PARTE DEL TRABAJO
En Edes Custom Meats en Amarillo, Justin Hatch prepara cuidadosamente la carne recién trozada para llevarla al mercado.

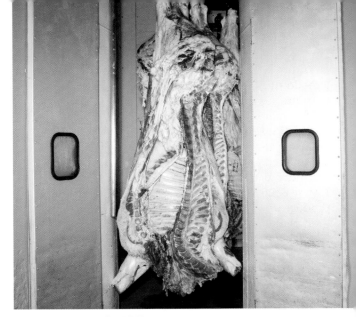

MAXIMIZAR EL SABOR
Las porciones de carne son "maceradas" durante 21 días en un refrigerador para que concentren el sabor.

Mike Engler se hizo cargo de la dirección de Cactus Feeders en 1993. Fue un año traumático para la industria de carne de vacuno. Cuatro niños murieron y cientos de personas se enfermaron tras comer hamburguesas infectadas con una peligrosa bacteria. En los años posteriores, un número creciente de personas comenzaron a creer que los corrales de engorda mantenían al ganado en crueles condiciones. En su libro de 2006, *El dilema del omnívoro*, el autor Michael Pollan comparó los corrales de engorda de ese entonces con los del siglo XIV, en Londres: "rebosantes, sucios y malolientes, con las alcantarillas abiertas, carreteras sin pavimentar y el aire asfixiante saturado de polvo".

PARA RESULTADOS ÓPTIMOS

Paul Defoor es un hombre alto, de rostro curtido y con un doctorado en nutrición de **rumiantes**. Al viajar en su camioneta, llegué a conocerlo un poco. Defoor se crió en una pequeña granja donde su familia cultivaba toda su propia comida y también vendía parte de ella. Él recuerda que trabajaba todo el tiempo, y no echa de menos esa vida. "Así no es como se alimenta al mundo", me dice. "Utilizar tecnología que aumente la productividad y disminuya los residuos es la manera de proceder en la actualidad".

En Wrangler, solo siete empleados operan el molino automatizado que cocina tres comidas al día para 43,000 bovinos. Un letrero en las instalaciones transmite el Credo del Cactus: "La conversión eficiente de energía alimenticia proveniente de los animales hacia la máxima producción de carne de res, al menor costo posible". Para hacer honor al credo se requiere del cuidado asistido por la tecnología de 43,000 rúmenes.

El rumen es el estómago más grande de los cuatro estómagos de una vaca. Puede contener hasta 40 galones de líquido y llena la mayor parte del lado izquierdo de una vaca. También aprendí que el rumen es como el motor de un auto de carrera, atendido por un equipo de mecánicos altamente capacitados. El objetivo es bombear tanta energía como sea posible a través del rumen para lograr que los animales ganen peso tan rápido como sea posible sin que se enfermen.

Los rumiantes pueden digerir hierba, que es sobre todo forraje. Los granos de maíz, sin embargo, son en su mayoría almidón y contienen más energía que la hierba. En Wrangler, solo el ocho por ciento de la alimentación es forraje. Gran parte del resto es maíz en hojuelas para hacerlo más digerible. Cada mañana, las raciones se ajustan cuidadosamente para mantener a los animales satisfechos y sin que se enfermen. Alrededor de un seis por ciento de los bovinos se enferman en algún momento, pero solo alrededor del uno por ciento muere antes de haberse desarrollado completamente.

Los productos farmacéuticos son cruciales para la industria del corral de engorda. Los alimentos de los animales se tratan con dos antibióticos. Uno elimina las bacterias en el rumen que no son buenas para la digestión de maíz, permitiendo que prosperen aquellas que sí son beneficiosas. El otro ayuda a prevenir los abscesos en el hígado, un riesgo para el ganado que consume una dieta altamente energética. Durante sus últimas tres semanas, el ganado recibe medicamentos para mejorar la calidad de la carne.

El 2013, los Estados Unidos produjeron casi la misma cantidad de carne que en el año 1976 (aproximadamente 13 millones de toneladas) pero sacrificaron 10 millones menos de cabezas de ganado. Esto se debe a que el animal de engorda promedio produce un 23 por ciento más de carne hoy en día de lo que producía en 1976. Para la gente de Cactus Feeders, este es un gran éxito tecnológico que los productores de carne de todo el mundo deben tratar de copiar.

Cuando les digo a mis amigos que pasé una semana en un corral de engorda de ganado, dicen que debe haber sido horrible. Pero no lo fue, la gente de Wrangler me pareció muy competente y maneja al ganado con humanidad. Los corrales estaban llenos, pero al ganado le gusta amontonarse. Había espacios abiertos y el olor no era malo. Después de leer el libro de Pollan, yo esperaba algo mucho peor.

PASTO VERSUS GRANO

¿Son sustentables los corrales de engorda? La pregunta es demasiado compleja como para responderla fácilmente. El mayor problema es mundial. Algunos dicen que la gente en los países desarrollados necesita comer menos carne en general y pollo en vez de carne de vacuno. Si tienen que comer carne de res, el argumento es que este debe ser alimentado con pasto, porque las vacas alimentadas con pasto no requieren antibióticos que les ayuden a digerir el maíz. No creo que la solución sea así de sencilla.

En primer lugar, esa solución ignora el tema del bienestar de los animales. Después de mi semana en Wrangler, visité una granja de pollos. Estaba limpio, pero cada uno de los cobertizos, tenuemente iluminados, de 150 metros de largo, albergaba a 39,000 aves que habían sido criadas para madurar en menos de siete semanas. Si el objetivo es reducir al mínimo el sufrimiento de los animales, la carne de vacuno es una mejor opción.

¿Podrían los estadounidenses ayudar a alimentar al mundo al comer menos carne de vacuno? La gente ha sostenido durante mucho tiempo que es derrochador alimentar a los animales con grano. Pero en las últimas décadas, la porción de la cosecha de granos en los Estados Unidos consumida por animales se ha reducido a la mitad y solo el 10 por ciento se destina al ganado vacuno. Aún así, se podría pensar que si los estadounidenses comieran menos carne de res, habría más grano disponible para erradicar el hambre en los países pobres.

LA HUELLA DE LA CARNE

Estas gráficas de barras muestran lo que se necesita para producir carne de vacuno, así como las emisiones liberadas en el proceso.

Tierra

1,557 — Pie cuadrado promedio necesario para producir mil calorías consumidas por seres humanos, Estados Unidos

Pastizales

164 | Carne — 94 Lácteos — 57 Cerdo — 44 Aves — 32 Huevos

La producción de carne de vacuno representa casi el **90 por ciento** de las tierras utilizadas para la cría de ganado en los Estados Unidos, las áreas incluyen los pastizales, así como las tierras de cultivo para cultivar la comida.

FUENTE: NATIONAL GEOGRAPHIC

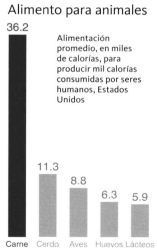

Alimento para animales

36.2 — Alimentación promedio, en miles de calorías, para producir mil calorías consumidas por seres humanos, Estados Unidos

11.3 Cerdo — 8.8 Aves — 6.3 Huevos — 5.9 Lácteos

Carne

La cantidad de alimento para animales necesaria para producir mil calorías de carne de vacuno para el consumo es más de **tres veces** de lo que se necesita para la carne de cerdo. El alimento para el ganado bovino incluye pastos, granos y forraje, como el heno.

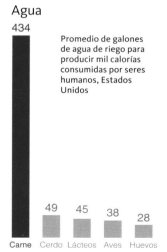

Agua

434 — Promedio de galones de agua de riego para producir mil calorías consumidas por seres humanos, Estados Unidos

49 Cerdo — 45 Lácteos — 38 Aves — 28 Huevos

Carne

El riego de la tierra para el alimento del ganado usa casi **tres veces** más agua que todos los otros alimentos aquí en conjunto. Las vacas lecheras requieren mucho menos y sus productos aportan la mayoría de las calorías en las dietas estadounidenses.

Emisiones

9.6 — Promedio de kilos de dióxido de carbono equivalentes generados al producir mil calorías consumidas por seres humanos, Estados Unidos

2.0 Cerdo — 1.9 Lácteos — 1.7 Aves — 1.5 Huevos

Carne

Los gases de efecto invernadero de la producción del ganado son **40 por ciento** metano eructados por los estómagos especializados del ganado. El ganado que solo se alimenta de pasto eructa más que aquellos que comen hierba y pienso.

Pero quizá no. Se realizó un estudio para predecir qué sucedería si los países desarrollados redujeran su consumo de carne a la mitad. El estudio encontró que la seguridad alimentaria en los países en desarrollo mejoraría levemente. Los granos alimenticios clave a nivel mundial para los seres humanos son el trigo y el arroz, no el maíz.

Reducir el consumo de carne de res quizá no disminuya el calentamiento global. Si los estadounidenses eliminaran el ganado vacuno, las emisiones de gas de efecto invernadero mundial se reducirían en solo un dos por ciento. Esa es la cantidad que el ganado vacuno emite al eructar gas **metano** y liberar estiércol.

La principal forma de reducir el calentamiento global es sustituir los combustibles fósiles por fuentes de energía limpia. Sin embargo, comer menos carne de res también puede ayudar. Si esa es tu meta, debes evitar la carne de vacuno alimentado con pasto. El pasto es más alto en fibra y menos digerible, y al comerlo el ganado emitirá más metano. El ganado alimentado con grano produce cerca de la mitad de metano. Si se cerraran todos los corrales de engorda, necesitaríamos más pastizales y una mayor cantidad de ganado para satisfacer la demanda de carne de res. Las emisiones de gases metano serían aún mayores.

Ante el problema de la creciente demanda por la carne, "los corrales de engorda son mejores que aquellos que alimentan con pasto, sin duda", dice Jason Clay, un experto en alimentos. "Nosotros debemos intensificar. Tenemos que producir más con menos".

LA EFICIENCIA NO LO ES TODO

Incluso quienes están a favor del ganado alimentado con pasto reconocen que no puede satisfacer la creciente demanda. Mack Graves, ex-Director Ejecutivo de Panorama Meats, productora de ganado alimentado con pasto, explica: "La demanda seguirá creciendo. Deberemos criar al ganado tan eficientemente como podamos y la cría con pasto no es eficiente al compararla con el corral de engorda".

Sin embargo, la eficiencia no es la única medida del éxito, dice Graves. El ganado a menudo pasta en terrenos inadecuados para el cultivo. Si se maneja bien, el pastoreo puede enriquecer el suelo, como el bisonte lo hizo alguna vez por la pradera. Visité productores de carne de vacuno alimentado con pasto que mantienen al ganado dentro de cercas eléctricas portátiles, en vez de dejarlos deambular por pastizales enormes. Los ganaderos mueven las cercas para no explotar los pastizales en exceso.

Algunos rancheros creen que el pastoreo controlado ha mejorado sus pastizales. Su carne

es menos económicamente eficiente que la de los corrales de engorda, pero en algunos aspectos es mejor desde el punto de vista ecológico. Ellos no usan productos farmacéuticos en los alimentos para los animales. No usan el maíz cultivado en el suelo fuertemente fertilizado de Iowa, el que luego se envía a miles de millas por tren, solo para ser apilado como abono en Texas. En cambio, su ganado es artífice de la construcción y mantenimiento del paisaje.

Cuando visité el Rancho Blue Range al sur de Colorado, era temporada de partos. Como otros ganaderos de la región, George Whitten ha soportado una larga sequía. Últimamente se ha asociado con granjeros de los alrededores, quienes le permiten que el ganado coma los rastrojos de plantas que sobran tras la cosecha. Eso los engorda y fertiliza los campos.

Una mañana, Whitten y yo fuimos a examinar el ganado. Vimos cómo un ternero recién nacido se esforzaba por ponerse de pie, tambaleándose en torno a su madre con las piernas temblorosas. Por último, el pequeño becerro encontró una ubre. "Tienen una buena vida", dice Graves. "Y un mal día".

En Wrangler le pregunté al veterinario cómo se sentía al despachar al ganado que había cuidado. "Permíteme decirte que cada vez que conduzco por la carretera de un estado a otro y paso a un camión que

lleva una carga de ganado, agradezco en silencio. Le doy gracias al ganado por alimentar al país".

Cuando tuve mi examen físico anual, tenía el colesterol alto y mi doctor me preguntó por qué. He pasado tiempo con los ganaderos y sus carnes, dije. Mi médico, que no ha comido carne en 20 años, se mostró indiferente. "Solo diga no", me dijo. Las carnes rojas son más altas en colesterol que otras proteínas. Comer menos carne de res no sería dañino para mí o para la mayoría de los estadounidenses. Pero no está claro cuánto ayudaría al planeta.

El reportaje me dejó con ganas de decir "no" al **fanatismo** extremo contra la carne de res. Eso, y a la costumbre estadounidense de reducir problemas sociales complejos, como la salud pública, el cambio climático y la seguridad alimentaria a fábulas con héroes y villanos. El mundo real no es tan sencillo.

Espero que el intenso debate sobre la carne pueda desplazarse hacia una comprensión más matizada acerca de cómo nos alimentamos en el siglo XXI.

¡PIÉNSALO!

1. **Analiza las causas y los efectos** ¿Cuáles son algunas razones por las que el consumo de carne ha disminuido en los Estados Unidos desde 1976?

2. **Compara y contrasta** ¿Cuáles son las ventajas y desventajas de la carne de res alimentada con pasto en comparación con la alimentada con grano?

3. **Evalúa** En el artículo, el autor y sus entrevistados expresan puntos de vista personales y provocativos. Elige un comentario y escribe una breve respuesta.

CONTEXTO Y VOCABULARIO

fanatismo *s.* sentimientos u opiniones inflexibles sobre política, religión u otros ideales

metano *s.* gas que es producto de la descomposición de la materia orgánica y que contribuye al calentamiento global

rumiante *s.* animal que tiene más de un estómago; se traga el alimento y luego lo devuelve para continuar masticándolo

LA ALEGRÍA DE COMER

POR VICTORIA POPE

Adaptado de "La alegría de comer" y "La mesa comunal", por Victoria Pope,
en *National Geographic*, diciembre de 2014

Compartir la comida siempre ha sido parte de la historia humana. Consideremos las comidas que fueron preparadas en una fogata hace 300,000 años de antigüedad, en una cueva cerca de Tel Aviv. Esa es la fogata más antigua que se ha encontrado y allí los comensales se reunían para comer juntos. La frase "partir el pan juntos" captura el poder que tiene una comida para forjar relaciones, olvidar el enojo y causar risas. Los niños celebran con dulces desde su primer cumpleaños. Esa asociación de la comida con el amor continuará a lo largo de sus vidas (y en algunos sistemas de creencias, aún en el más allá). Incluso cuando los tiempos son difíciles, el deseo de celebrar perdura. En todo el mundo y a través de los siglos, las personas conocen y celebran la alegría de comer.

UNA FIESTA EN EL JARDÍN
Mujeres afganas comparten una comida en el Jardín de la Mujer, en la ciudad de Bamiyán, en el centro de Afganistán. Disfrutan de la oportunidad de relacionarse entre sí a través de una comida que consiste en pan plano, cabra, cordero y fruta.

LA HERMANDAD DE LOS TAMALES
Estas mujeres de Milpa Alta, México, preparan tamales para un gran encuentro el domingo de Pascua. Mientras preparan este plato tradicional a base de maíz, comparten historias y charlan sobre las últimas noticias.

COCINEROS COMUNALES
Durante una ceremonia anual del mes de diciembre, llamada "La Rejunta", en Milpa Alta, México, los hombres echan tamales envueltos al aceite y los cocinan a fuego abierto. Los ciudadanos de Milpa Alta preparan y distribuyen más de 30,000 tamales.

Las Hermanas de la Visitación cerca de Beirut, en
El Líbano, usan una pasta de almendras y azúcar para
hacer dulces de mazapán, los que suelen consumirse
durante la Pascua. Los productos alimenticios son
a menudo una fuente de ingreso para las órdenes
sagradas. Estas monjas maronitas hacen dulces en
forma de pájaros y flores.

POCILLOS TIBIOS Y RISAS
Tres sacerdotes comparten una comida de fideos y arroz en un templo en Soochow, una ciudad en la provincia de Jiangsu, en China.

MERIENDA AL ATAQUE
Estos jóvenes disfrutan de una merienda de pollo frito en un restaurante de comida rápida en el centro comercial de Accra, en Ghana.

UN PLACER VERANIEGO INOLVIDABLE
Los asistentes a un picnic disfrutan de un festín de sandías en los bosques de Maine, en agosto de 1894.

En 1944, la Fundación Rockefeller contrató al científico botánico estadounidense Norman E. Borlaug para trabajar en su programa agrícola en México. Su tarea era desarrollar variedades altamente productivas de trigo resistente a las enfermedades. En ese momento, México era una nación famélica. Borlaug tuvo un éxito rotundo y recibió el Premio Nobel de la Paz en 1970. Los cambios en la agricultura de México y otros países en desarrollo se llegaron a conocer como "la Revolución Verde".

DOCUMENTO 1 Fuente primaria

El contragolpe de la Revolución Verde

En décadas recientes, los críticos han atacado la Revolución Verde por dañar el medioambiente y por eliminar a los pequeños agricultores. En una conferencia del año 2002, Borlaug explicó por qué los agricultores del mundo deberían tener acceso a la ciencia agrícola.

Tomó cerca de 10,000 años expandir la producción de alimento al nivel actual, que es de unos 5 mil millones de toneladas por año. Para el 2025, tendremos que haber doblado la producción actual. Esto no se logrará hasta que los agricultores del mundo tengan acceso a métodos de producción de cultivos de alto rendimiento al igual que a nuevos adelantos biotecnológicos que puedan aumentar la producción, fiabilidad y calidad nutricional de nuestros cultivos básicos.

Más aun, los mayores ingresos agrícolas permitirán que los pequeños agricultores realicen inversiones adicionales para proteger sus recursos naturales. Necesitamos aportar sentido común al debate sobre la ciencia y la tecnología agrícola, y mientras más pronto, ¡mejor!

de "*La Revolución Verde revisitada y el camino por recorrer*", conferencia de Norman E. Borlaug, 26 de septiembre, 2002

REDACTAR UNA RESPUESTA

1. ¿Qué desarrollo tendrá que producirse para el 2025, según Borlaug?

DOCUMENTO 2 Fuente primaria

Los caminos hacen la diferencia

En 1968, el embajador Kenneth M. Quinn asesoró a ocho aldeas vietnamitas sobre el cultivo del nuevo "arroz milagroso" de la Revolución Verde, el IR8. Al mismo tiempo, los ingenieros trabajaban para mejorar los baches en la ruta que unía a las aldeas. Solo fueron capaces de terminar el camino a través de cuatro aldeas.

Por todas partes del nuevo camino, los agricultores comenzaron a usar el nuevo arroz, con resultados sorprendentes y casi de la noche a la mañana. Ahora, los agricultores podían cosechar dos cultivos de arroz IR8 por año. Por primera vez, pequeños agricultores tenían un superávit de cosecha y de ingresos. Las familias podían costear mejores ropas y comidas más nutritivas para sus hijos. Los niños se quedaban más tiempo en la escuela y la tasa de mortalidad infantil bajó, ya que las madres con niños enfermos podían conseguir atención médica más rápido.

La vida en las cuatro aldeas sin caminos reparados seguían inmersas en la pobreza y la desnutrición, al igual que en décadas anteriores.

de "*¿Quieres disminuir la hambruna mundial? Construye mejores caminos*", en news.nationalgeographic.com, 14 de octubre, 2014

REDACTAR UNA RESPUESTA

2. ¿Cómo apoyan las metas de la Revolución Verde los caminos mejorados?

¿Cuáles son las lecciones de la Revolución Verde?

DOCUMENTO 3 Fuente primaria

La revolución se extiende

Para comienzos de 1960, la producción de trigo en México había aumentado seis veces respecto de lo que había sido 20 años antes, gracias a los métodos de Borlaug. El país pudo alimentarse e incluso había comenzado a exportar trigo. Este éxito llamó la atención de otras naciones en apuros, especialmente la India, que enfrentaba una hambruna masiva a mediados de 1960.

El gobierno indio contactó a Borlaug para que entrenara a sus científicos y agricultores. Ordenó miles de toneladas de sus semillas de trigo mexicanas. Para 1968, las cosechas de trigo eran tan abundantes en la India que las escuelas se usaron como depósitos temporales para el trigo.

REDACTAR UNA RESPUESTA

3. ¿Qué detalles notas en esta foto, que muestra a agricultores durante la revolución del trigo de la India?

HACER TRIGO DE LA PAJA
Los agricultores en la India obtienen la ayuda de estos animales de tiro para trillar trigo detrás de la tumba de Humayun, en 1966. El proceso de trillar separa el preciado grano de la paja, la cual es descartada.

RELACIÓNALO

Repasa Piensa en tus respuestas a las secciones de "Redactar una respuesta" y en lo que has aprendido de los artículos en este libro. Considera cómo el alimento puede ser abundante y escaso y cómo el comportamiento humano es moldeado por ambas circunstancias.

Evalúa Usa una tabla de dos columnas para listar las lecciones positivas y negativas de la Revolución Verde. Incluye detalles de los documentos de arriba y de los artículos del libro que ilustran cada lección.

Escribe Escribe una oración temática que conteste esta pregunta: ¿Cuáles son las lecciones de la Revolución Verde? Luego, escribe un párrafo que fundamente tu oración temática usando evidencia de los documentos y artículos en este libro.

ÍNDICE

||||||||||||||||||||||||||||||||||||||||||||||||||

DESTREZAS